"十三五"国家重点图书出版规划项目

交通运输科技丛书·公路基础设施建设与养护

煤矸石筑路技术研究及应用

时成林　沙爱民　闫秋波
谭永波　韩继国　编著

人民交通出版社股份有限公司
China Communications Press Co.,Ltd.

内 容 提 要

本书依据西部交通建设科技项目“寒冷地区综合利用煤矸石筑路技术的研究”成果编写，主要对煤矸石及其应用情况进行了论述，通过试验分析了东北地区代表性煤矸石的单质材料物理化学性质，明确了煤矸石材料路用分级标准的指标，结合煤矸石路基和路面基层试验分析及实际应用路段的跟踪监测，总结了煤矸石路基填料和基层材料的路用性能、评价方法和评价指标。

本书可供采用煤矸石新建或改建的各等级公路路基及路面基层的设计和施工参考使用。

图书在版编目(CIP)数据

煤矸石筑路技术研究及应用 / 时成林等编著. — 北京：人民交通出版社股份有限公司，2016.4

(交通运输科技丛书)

ISBN 978-7-114-12910-0

Ⅰ.①煤… Ⅱ.①时… Ⅲ.①煤矸石—筑路—研究 Ⅳ.①U415

中国版本图书馆 CIP 数据核字(2016)第 064996 号

“十三五”国家重点图书出版规划项目

交通运输科技丛书·公路基础设施建设与养护

书　　名：**煤矸石筑路技术研究及应用**

著 作 者：时成林　沙爱民　闫秋波　谭永波　韩继国

责任编辑：曲　乐　牛家鸣

出版发行：人民交通出版社股份有限公司

地　　址：(100011)北京市朝阳区安定门外外馆斜街 3 号

网　　址：http://www.ccpress.com.cn

销售电话：(010)59757973

总 经 销：人民交通出版社股份有限公司发行部

经　　销：各地新华书店

印　　刷：北京市密东印刷有限公司

开　　本：787 × 1092　1/16

印　　张：9

字　　数：209 千

版　　次：2016 年 6 月　第 1 版

印　　次：2016 年 6 月　第 1 次印刷

书　　号：ISBN 978-7-114-12910-0

定　　价：35.00 元

总　序

科技是国家强盛之基,创新是民族进步之魂。中华民族正处在全面建成小康社会的决胜阶段,比以往任何时候都更加需要强大的科技创新力量。党的十八大以来,以习近平同志为总书记的党中央作出了实施创新驱动发展战略的重大部署。党的十八届五中全会提出必须牢固树立并切实贯彻创新、协调、绿色、开放、共享的发展理念,进一步发挥科技创新在全面创新中的引领作用。在最近召开的全国科技创新大会上,习近平总书记指出要在我国发展新的历史起点上,把科技创新摆在更加重要的位置,吹响了建设世界科技强国的号角。大会强调,实现"两个一百年"奋斗目标,实现中华民族伟大复兴的中国梦,必须坚持走中国特色自主创新道路,面向世界科技前沿、面向经济主战场、面向国家重大需求。这是党中央综合分析国内外大势、立足我国发展全局提出的重大战略目标和战略部署,为加快推进我国科技创新指明了战略方向。

科技创新为我国交通运输事业发展提供了不竭的动力。交通运输部党组坚决贯彻落实中央战略部署,将科技创新摆在交通运输现代化建设全局的突出位置,坚持面向需求、面向世界、面向未来,把智慧交通建设作为主战场,深入实施创新驱动发展战略,以科技创新引领交通运输的全面创新。通过全行业广大科研工作者长期不懈的努力,交通运输科技创新取得了重大进展与突出成效,在黄金水道能力提升、跨海集群工程建设、沥青路面新材料、智能化水面溢油处置、饱和潜水成套技术等方面取得了一系列具有国际领先水平的重大成果,培养了一批高素质的科技创新人才,支撑了行业持续快速发展。同时,通过科技示范工程、科技成果推广计划、专项行动计划、科技成果推广目录等,推广应用了千余项科研成果,有力促进了科研向现实生产力转化。组织出版《交通运输建设科技丛书》,是推进科技成果公开、加强科技成果推广应用的一项重要举措。"十二五"期间,该丛书共出版72册,全部列入"十二五"国家重点图书出版规划项目,其中12册获得国家出版基金支持,6册获中华优秀出版物奖图书提名奖,行业影响力和社会知名度不断扩大,逐渐成为交通运输高端学术交流和科技成果公开的重要平台。

"十三五"时期,交通运输改革发展任务更加艰巨繁重,政策制定、基础设施建设、运输管理等领域更加迫切需要科技创新提供有力支撑。为适应形势变化的需要，在以往工作的基础上，我们将组织出版《交通运输科技丛书》，其覆盖内容由建设技术扩展到交通运输科学技术各领域，汇集交通运输行业高水平的学术专著，及时集中展示交通运输重大科技成果，将对提升交通运输决策管理水平、促进高层次学术交流、技术传播和专业人才培养发挥积极作用。

当前，全党全国各族人民正在为全面建成小康社会、实现中华民族伟大复兴的中国梦而团结奋斗。交通运输肩负着经济社会发展先行官的政治使命和重大任务，并力争在第二个百年目标实现之前建成世界交通强国，我们迫切需要以科技创新推动转型升级。创新的事业呼唤创新的人才。希望广大科技工作者牢牢抓住科技创新的重要历史机遇，紧密结合交通运输发展的中心任务，锐意进取、锐意创新，以科技创新的丰硕成果为建设综合交通、智慧交通、绿色交通、平安交通贡献新的更大的力量！

交通运输部部长：杨传堂

2016 年 6 月 24 日

前　言

公路建设是一项长距离的线形工程，对路基和路面建筑材料的需求量巨大。煤矸石既是一种固体废弃物，又是一种重要的再生资源。如果能用公路建设范围内满足路用要求的煤矸石材料代替路基填料或路面基层用碎石材料，对煤矸石材料废物再利用，不但可以减少煤矸石山对土地的占用和对周围环境的污染，而且可以降低公路工程造价。

本书以交通运输部西部项目“寒冷地区综合利用煤矸石筑路技术的研究”为依托，借助国家对西部地区大力开发的契机，以吉林省寒冷地区煤矸石为研究对象，立足吉林省，兼顾黑龙江、辽宁省和内蒙古自治区等地，在系统总结分析国内外煤矸石路用相关经验和研究成果的基础上，深入研究寒冷地区不同煤矸石材料的物理化学性质差异，综合分析煤矸石材料的压碎值、岩性、风化程度、膨胀性、稳定性等差异，结合寒冷地区气候特点，提出煤矸石材料路用的分级分类指标及煤矸石填筑路基、修筑路面基层的技术要求，为指导煤矸石材料在道路工程中的应用提供保证。

本书根据煤矸石材料的工程特性，分析了其作为路基填料和路面基层材料的路用性能，提出了寒冷地区煤矸石在公路工程中的设计与施工技术指标，指导煤矸石在公路工程中的推广应用。煤矸石材料在道路工程中的应用与推广，不仅使煤矸石资源的综合利用达到一个新的高度，实现经济的可持续发展及产业的再生利用，适合资源节约和环境友好型社会的要求，而且改善了东北老工业基地的投资和自然环境，具有巨大的战略意义和现实意义。此外，还可以解决煤矸石占地污染的问题，为公路工程修建提供了新的筑路材料，降低了公路工程造价，具有显著的经济效益和社会环境效益，应用前景广阔。

参加本书撰写工作的人员包括承担单位吉林省交通科学研究所暨季节性冻土区公路建设与养护技术交通行业重点实验室（长春）的时成林、闫秋波、赵士辉、叶静辉、刘佳力、史光绪，合作单位长安大学的沙爱民、胡力群，廊坊师范学院的谭永波，交通运输部科学研究院的韩继国。本书由时成林、沙爱民、闫秋波、谭永波、韩继国统稿，撰写过程中得到了吉林省交通运输厅科技处陈东丰处长的支持和指导。

在编写过程中还参考了国内外学者的理论、研究成果和资料，在此一并表示诚挚的感谢！

本书适用于公路路基和基层的推广应用，也适合公路建设管理人员在检查和指导具体工作中使用，还可以作为相关专业的研究生、本科生教学参考书。

由于本书取样的煤矸石只局限于东北三省和内蒙古自治区部分地区，对实际应用路段的观测只局限于吉林省，针对煤矸石在全国范围内公路工程中的应用还有很多问题需要时间的检验和进一步研究，加之时间和水平有限，疏漏之处在所难免，欢迎广大读者不吝赐教。

作　者

2016 年 3 月

目　录

第1章　绪　　论

1.1　煤炭资源

煤炭资源是地球上蕴藏量最丰富、分布地域最广泛的化石燃料，也是世界上重要的三大能源之一。根据世界能源委员会的评估，世界煤炭可采资源量达4.84万亿t标准煤，占世界化石燃料可采资源量的66.8%。世界各地的煤炭资源分布不平衡，煤炭资源的70%分布在北半球北纬30°~70°之间，其中以亚洲和北美洲最为丰富，分别占全球地质储量的58%和30%。世界上拥有煤炭资源的国家约有70个，其中储量较多的国家有俄罗斯、中国、美国、德国、英国、澳大利亚、加拿大、印度等。

我国是一个以煤炭为主要能源的煤炭生产、消耗大国，煤炭在一次能源消耗中达到70%以上，所占比重是世界平均水平的两倍以上。我国煤炭资源丰富，煤炭资源总量达48 994亿t，约占全球煤炭资源总量的四分之一，居世界第二位。如图1.1所示，我国煤炭资源的地理分布极不平衡，总体来说北多南少，西多东少。煤炭资源主要集中在山西省、陕西省、内蒙古自治区西部、新疆维吾尔自治区北部和川黔滇交界地区，占全国煤炭资源总量的85.3%，沿海13个发达省份的煤炭资源仅占总量的3.4%，其余省、市、自治区约占11.3%。华东地区的煤炭资源储量87%集中在安徽省、山东省，中南地区煤炭资源72%集中在河南省，西南煤炭资源67%集中在贵州省，东北有52%的煤炭资源集中在黑龙江省。全国煤炭种类资源统计见表1.1。

全国煤炭种类资源统计表　　表1.1

	资源总量	保有储量(单位:亿t)					预测资源量
		合计	炼焦用煤	非炼焦用煤	褐煤	分类不明	
全国	48 994.39	8 737.18	2 574.31	4 966.67	1 136.19	60.03	40 257.21
华北	17 197.22	4 697.4	1 607.43	2 105.01	936.85	48.12	12 499.83
东北	561.92	220.71	118.46	67.05	35.18	0.022	341.21
华东	1 786.83	538.11	399.59	55.06	10.599	2.86	1 318.72
中南	1 039.84	262.23	69.56	181.84	9.94	0.891	777.61
西南	2 744.46	761.26	166.5	449.58	139.94	5.26	1 983.2
西北	25 664.05	2 327.45	212.77	2 108.13	3.69	2.88	23 336.61

注：摘自《中国煤矿煤质及应用评价》，2006年。

我国煤种多样，各地区煤炭品种和质量变化较大，主要有褐煤、长焰煤、不黏煤、弱黏煤、气煤、肥煤、焦煤、瘦煤、贫煤、无烟煤等。煤种分布也不均衡，褐煤资源约2 100亿t，约占全国煤炭资源总量的1/30，主要分布在内蒙古自治区东部和云南省东部，东北和华南也有少量的赋存。炼焦煤约14 000亿t，优质炼焦煤主要分布在山西省和河南省，但优质焦煤很少，仅占炼焦

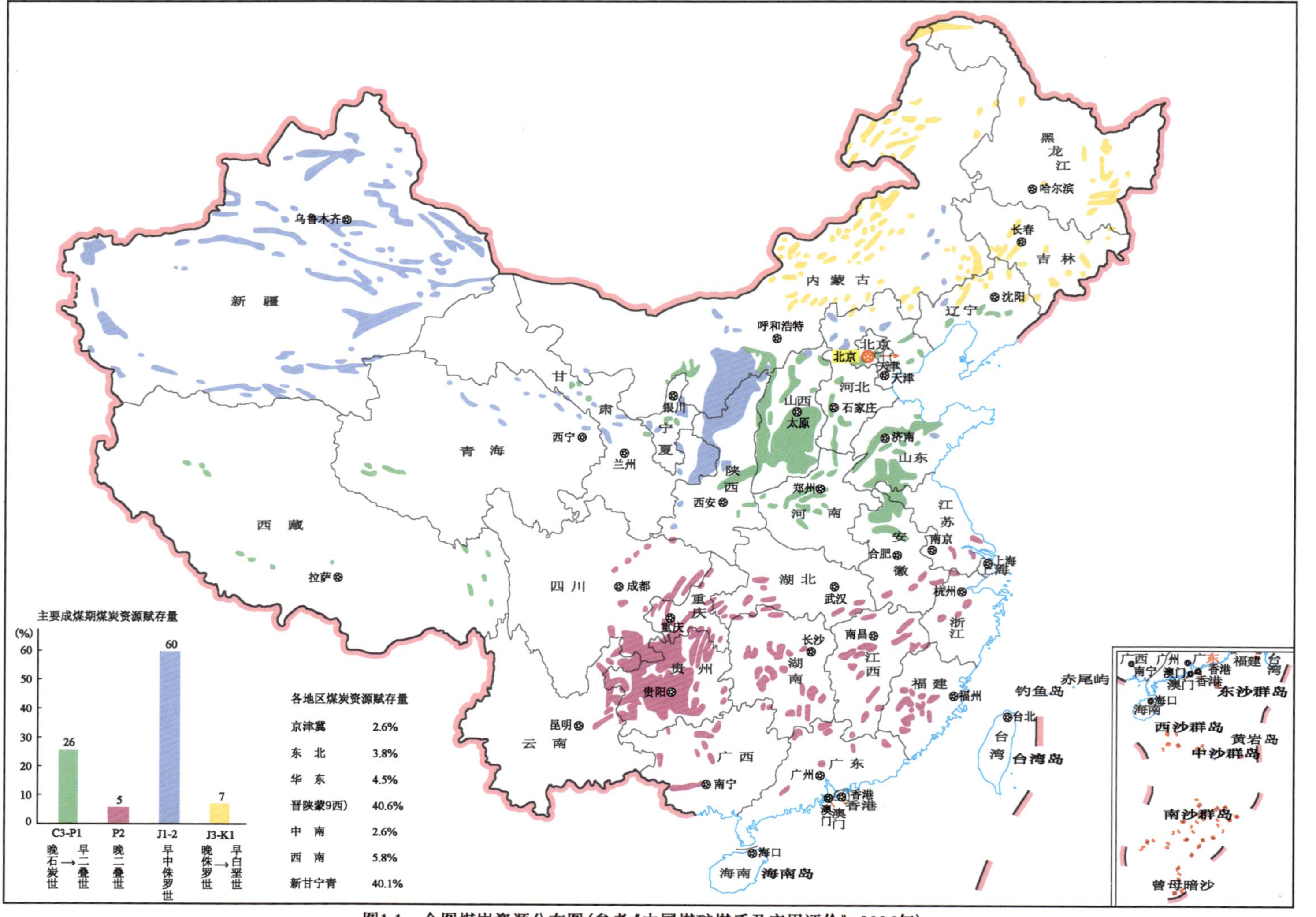

图1.1　全图煤炭资源分布图(参考《中国煤矿煤质及应用评价》, 2006年)

用煤资源量的4%左右，大多分布在山西省、山东省、河北省、河南省、安徽省、陕西省、宁夏回族自治区、贵州省和新疆维吾尔自治区等地。无烟煤约占煤炭资源总量的10%，但低硫、低灰的不多，大多在山西省与宁夏回族自治区，贵州省也有少量。我国的煤炭资源中高硫和高灰的煤较多，高硫煤约占煤炭资源总量的1/3，长江以南高硫煤比例高。全国原煤灰分一般在20%左右，但洗选后可降低至10%以下。

1.2 煤矸石概述

1.2.1 煤矸石

煤矸石(Coal Gangue)是指煤矿在建设、开拓掘进、采煤及洗选工程中所排放的含碳岩石及岩石，是煤矿建设和煤炭生产过程中所排放出的固体废弃物的总称，是碳质、泥质和砂质页岩的混合物，煤炭生产中的副产品。煤矸石有两种：一种是呈黑色或灰色的未燃煤矸石，另一种是存放时间较长，可燃成分自燃后呈红色、深红色、黄色或白色的已燃煤矸石。两种煤矸石如图1.2所示。

图1.2 未燃煤矸石和已燃煤矸石

据统计，我国煤矸石产量为原煤总产量的15%～20%。煤炭开采时，每生产1亿t煤炭排放煤矸石1 400万t左右；煤炭洗选加工时，每洗选1亿t炼焦煤排放煤矸石2 000万t，每洗选1亿t动力煤排放煤矸石1 500万t。目前我国现有煤矸石山1 500余座(图1.3)，煤矸石累计堆存约70亿t，占地70km^2，每年新排放3.0～3.5亿t，是我国排放量最大的工业固体废弃物。另一方面，我国目前的煤矸石综合利用率尚不足排矸量的15%，导致余下煤矸石大多长期弃置，堆放于山沟、平川一带，占用了大量的农田土地。

1.2.2 煤矸石的组成

煤矸石是含碳岩石和其他岩石的混合物，随着煤层地质年代、地区、成矿条件、开采条件的不同，煤矸石的化学成分、矿物成分各不相同。

从化学组成上看，煤矸石是由无机质和少量有机质组成的混合物。无机质主要为矿物质和水，构成矿物质成分的元素多达数十种之多，一般以硅铝为主要成分，另外含有数量不等的Fe_2O_3、CaO、MgO、SO_3、K_2O、Na_2O、P_2O_3等无机物，以及微量的稀有金属（如钛、钒、钴等）。煤矸石中的有机质随含煤量的增加而增高，它主要包括碳、氢、氧、氮和硫等。煤矸石的化学成分不稳定，不同地区的煤矸石化学成分也不一致，变化较大，表1.2为煤矸石化学成分的大致范围。

图1.3　煤矸石山

煤矸石的化学组成　　表1.2

化学成分	SiO_2	Al_2O_3	Fe_2O_3	CaO	MgO	Na_2O	K_2O	TiO_2	P_2O_3
含量(%)	30~65	15~40	2~10	1~4	1~3	1~2	1~2	0.5~4.0	0.05~0.3

注：摘自《煤矸石资源化综合利用新技术》，2008年。

从矿物组成上看，煤矸石是多种沉积岩组成的集合体，不同的沉积岩又由不同成岩矿物组成。煤矸石中主要矿物成分有石英、长石（钾长石、斜长石）、高岭石、多水高岭石、伊利石（水白云母）、蒙脱石、方解石、白云石、菱铁矿、菱镁矿、黄铁矿、赤铁矿、磁铁矿、褐铁矿、铝土矿、绿泥石、地开石、海泡石、白云母、黑云母、蛋白石及微量元素等。煤矸石中主要矿物及性质见表1.3。

煤矸石中的主要矿物及性质　　表1.3

矿物名称	化学式	主要性质
石英 Quartz	SiO_2	晶体呈六方柱和六方双锥，在岩石中常呈粒状或块状、晶簇状集合体；一般石英无色，含杂质有各种颜色，如紫色、玫瑰色、黄色、烟灰色、黑色等；莫氏硬度7，相对密度2.65。化学性质稳定，很难分解
正长石 Orthoclase	$K(AlSi_3O_8)$	晶体形态呈柱状或厚板状；颜色通常为肉红色、玫瑰色、褐色，玻璃光泽；莫氏硬度6，相对密度2.56~2.58
普通辉石 Augite	$Ca(Mg,Fe,Al)[(SiAl)_2O_6]$	单斜晶系的单链状结构硅酸盐矿物；短柱状，横断面近八边形，集合体常为粒状、放射状或块状；绿黑至黑色，条痕无色至浅灰绿色，玻璃光泽；莫氏硬度5~6，相对密度3.23~3.52
高岭石 Kaolinite	$Al_4(Si_4O_{10})(OH)_8$	晶体属三斜晶系的层状结构硅酸盐矿物，呈土状；结晶呈极微小的假六方片状；其内部结构是由一层硅氧四面体和一层铝氧八面体构成的1:1型两层结构；莫氏硬度2~2.5，相对密度2.6~2.63

续上表

矿物名称	化学式	主要性质
伊利石 Illite	$(K,Al)(AlSi_3O_{10})(OH)_2 \cdot 2H_2O$	伊利石常呈极细小的鳞片状晶体,有时也呈不完整的六边形和板条状,呈土状;晶体结构与白云母的基本相同,属于2:1型结构单元层的二八面体型;纯的伊利石黏土呈白色,但常因杂质而染成黄色、绿色、褐色等;莫氏硬度1~2,相对密度2.6~2.9
蒙脱石 Montmorillonite	$(Al,Mg)(Si_4O_{10})(OH)_2 \cdot nH_2O$	单斜晶系,常呈土状隐晶质块状;白色,有时为浅灰色、粉红色、浅绿色;鳞片状者解理完全;莫氏硬度2~2.5,相对密度2~2.7
方解石 Calcite	$CaCO_3$	六方晶体;碳酸盐矿物,玻璃光泽,透明至半透明,普通为白色或无色,含有其他颜色亦不少;莫氏硬度3.0,相对密度2.71,可溶于稀盐酸而起泡
白云石 Dolomite	$CaMg(CO_3)_2$	三方晶系,菱面体,常呈块状集合体;常见颜色为无色、白色,带黄色或褐色色调;莫氏硬度3~4,相对密度2.86
菱铁矿 Siderite	$FeCO_3$	晶体呈菱面体,常呈粒状或隐晶质致密块状集合体,有时呈结核状;浅灰色,低价铁易氧化,玻璃光泽;莫氏硬度3.5~4.5,相对密度3.9
黄铁矿 Pyrite	FeS_2	等轴晶系,常为立方体、五角十二面体;铜黄色,金属光泽,性脆;莫氏硬度6~6.5,相对密度4.9~5.2;火烧后有强烈二氧化硫臭味
白铁矿 Marcasite	FeS_2	斜方双锥晶类;浅黄铜色,微带浅灰色或浅绿色调,莫氏硬度6~6.5,相对密度4.85~4.9;白铁矿和黄铁矿不同之处,一是具有鸡冠状的晶形,二是颜色比较淡白,三是在显微镜下观察时光性的非均质性与黄铁矿相区别
一水硬铝石 (水铝石) Diaspore	$Al_2O_3 \cdot H_2O$	斜方晶类,结晶完好者呈柱状、板状、鳞片状、针状、棱状等;其水化可变成三水铝石,脱水可变成α刚玉
一水软铝石 (软水铝石) Bodhmite	$AlO(OH)$	斜方晶类,结晶完好者呈菱形体、棱面状、棱状、针状、纤维状和六角板状;脱水可转变成一水硬铝石和α刚玉,水化可变成三水铝石
三水铝石 (水铝氧石) Gibbsite	$Al(OH)_3$	单斜晶系,结晶完好者呈六角板状、棱镜状,常有呈细晶状集合体或双晶,矿石中三水铝石多呈不规则状集合体;三水铝石脱水可变成一水软铝石、一水硬铝石和α刚玉
金红石 Rutile	TiO_2	四方晶系;常具完好的四方柱状或针状晶形,常见单形为四方柱和四方双锥;红棕色、红色、黄色或黑色;莫氏硬度6,相对密度4.2~4.3

注:摘自《煤矸石资源化综合利用新技术》,2008年。

1.2.3 煤矸石对环境的影响

作为排放量最大的工业固体废弃物,煤矸石的长期堆积占用了大量的土地。煤矸石细料被雨水冲刷至地表,造成土地沙化,降低土壤肥力,粮食减产;燃烧的煤矸石山会释放出多种有毒气体,使大气和水体受到污染,严重影响和危害人们的生活和健康。

(1)煤矸石对大气环境的影响

煤矸石中含有黄铁矿、有机硫、残煤和碳质泥岩等可燃物,长期堆积,日积月累,煤矸石山内部的热量逐渐积蓄,当温度达到可燃物的燃点时便可自燃(图1.4)。煤矸石自燃时,其内部温度为800~1000℃,在自燃过程中产生大量的SO_2、NO_x、CO、H_2S等有害气体,其中以SO_2为主。煤矸石自燃还会产生许多严重危害环境的多环芳烃类有机污染物,如苯并芘、二苯并蒽、苯并荧蒽、二苯并荧蒽等。它们以气相形式或吸附于微细粉尘烟尘排入大气,加剧大气污染,特别是苯并芘具有强的致癌性。这些有害气体的排放不仅降低煤矸石山周围的环境空气质量,影响周围居民的身体健康,还影响周围的生态环境,使树木生长缓慢、病虫害增多,农作物减产,甚至死亡。

图1.4 正在燃烧的煤矸石山

(2)煤矸石对水体及土壤环境的影响

煤矸石除含有SiO_2和Al_2O_3以及铁、锰等常量元素外,还含有铅、镉、汞、砷、铬等有害的微量重金属元素。煤矸石在露天堆放情况下,经受风吹、日晒和雨淋等风化剥蚀作用,其中的有毒重金属元素和Cl^-、HCO_3^-、Mg^{2+}、Ca^{2+}、K^+、Na^+等组成部分可溶盐可能通过雨水淋溶进入地表水域或渗入土壤,通过土壤渗入浅层地下水,使地下水和地表水的可溶盐类总量增大,重金属元素浓度远超过国家污染物最高允许排放标准,从而破坏了土壤中的有机养分,增加了土壤中的重金属含量,情况严重的会使水质酸化。煤矸石淋溶液不仅污染煤矸石堆积区,还会通过各种水力联系(导水砂层、地层裂隙、农灌、河流等)发生污染转移,从而大范围地影响工农业生产,特别是水产养殖业受到的危害更重。毒性最大的铅、镉、汞、砷、铬,能在食物链中逐渐富集,最后进入人体,对人体健康产生长远的不良影响,会引起急、慢性中毒。

另外,雨水将煤矸石堆上的细粒冲刷下来,形成黑色淤泥细流进入河道湖泊,导致河道湖泊的淤积,使河床抬高、通航能力下降、行洪能力减弱、调蓄能力降低、水体严重污染、直接影响生产生活。为了疏浚河道湖泊、改善水环境,国家每年都要投入大量的人力、财力和物力。

(3)煤矸石对地面环境的影响

多数煤矿煤矸石的堆积未经设计,其堆放极不正规,一般采取绞车提升、翻矸机倾倒,自然成堆,露天堆放。煤矸石堆呈锥形,煤矸石块径为数厘米至数十厘米,堆存体的煤矸石块径自然分选,运矸轨道坡度多为18°~20°,单体高度20~50m,矸石堆自然休止角38°~40°。矸石山堆积过高,坡度过大,就容易造成滑坡,部分煤矿或小煤窑往往将煤矸石简单倾倒于矿井附近的山坡、冲沟、溪沟等地势相对低洼地段。在人为开挖、降雨淋滤、山洪冲刷作用下，容易失稳引发泥石流、坍塌以及滑坡等重力灾害(图1.5、图1.6)。特别是经过较长时间的风化、氧化或雨水渗透浸泡后，煤矸石所含的残煤和黏土膨胀松软、颗粒细化，荷载能力显著降低，更容易形成重力灾害，全国已报道多起较严重的煤矸石堆重力灾害。

图1.5 滚落的大粒径煤矸石

图1.6 煤矸石山泥石流

针对煤矸石的环境问题，国内外学者早在20世纪50年代就开展了煤矸石综合利用的相关研究，并取得了一定的经验和效果。近年来，煤矸石建筑材料发展迅速，开拓了多种应用途径，其治理也逐步发展为具有较成熟、较先进的技术，主要治理途径为：采用一定的措施控制煤矸石的物化作用；对煤矸石进行综合利用，通过减少煤矸石的地面堆积量达到治理目的，其具体途径如图1.7所示。

根据国内外治理经验发现，无论是生物方法还是工程方法都需要投入大量的人力、财力来进行治理，并难以将煤矸石的负面效应完全消除。因此，近年来大量的研究集中于如何将煤矸石从被动的治理转变为主动的利用，在各个领域内发挥其应有的价值。

1.2.4 研究意义

煤矸石既是一种固体废弃物，又是一种重要的资源，采取合理措施将其综合利用，可以减少煤矸石堆放对周围环境的影响，变废为宝，化害为利。多年来国家非常支持和重视对煤矸石

的综合开发利用,坚持因地制宜、积极利用的指导思想,实行“谁排放、谁治理,谁治理、谁受益”的原则,对煤矸石综合利用项目从投资政策、建设资金上按照国家法律、法规的规定给予支持,并享受减免税的优惠政策。但煤矸石的总保有量巨大且逐年有新煤矸石排出,综合利用量较小,现阶段我国煤矸石的利用量不到排矸量的15%。

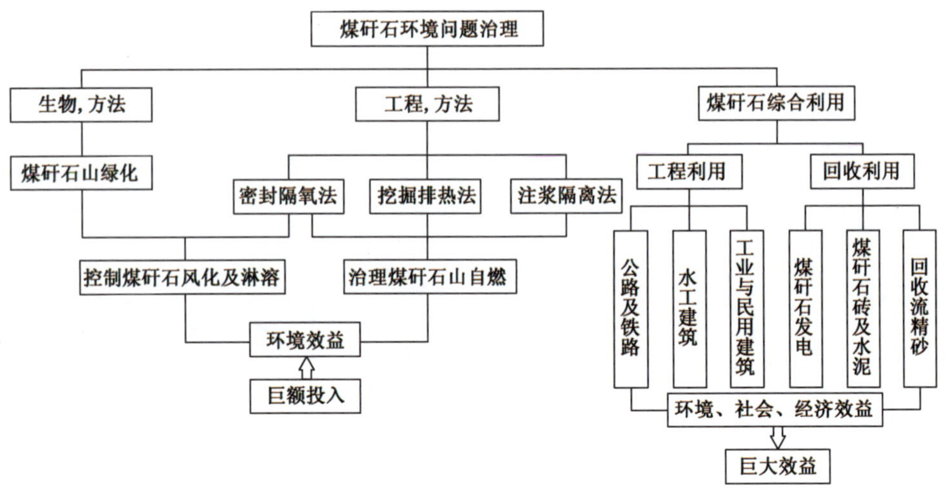

图1.7 煤矸石环境问题治理方法

公路建设是一项长距离的线形工程,有的公路延续数百公里,甚至上千公里,对路基和路面建筑材料的需求量巨大。路基填土的取土坑就近设置困难时,需远距离运输路基填料,增加了工程造价;半刚性基层应用的碎石材料多来自采石场,采石场的掠夺性开采不仅产生噪声污染、粉尘污染,而且毁坏树木农田,对周围生态环境影响较大。若公路建设段距离采石场较远,又增加了碎石材料的运输费用,提高了公路建设成本。如果能将公路建设范围内满足路用要求的煤矸石材料代替路基填料或路面基层用碎石,不仅可以将煤矸石材料废物再利用,减少煤矸石山的占地和对周围环境的污染,而且可以降低公路工程造价,具有显著的经济效益、社会效益和环境效益。

借助国家对西部地区大力开发的契机,以寒冷地区煤矸石为研究对象,立足吉林省,兼顾黑龙江省、辽宁省和内蒙古自治区等地煤矸石,在系统总结分析国内外煤矸石路用相关经验和研究成果的基础上,深入研究寒冷地区不同煤矸石材料的物理化学性质差异,综合分析煤矸石材料的压碎值、岩性、风化程度、膨胀性、稳定性等,结合寒冷地区气候特点,提出煤矸石材料路用的分级指标及煤矸石填筑路基、修筑路面基层的技术要求,以期指导煤矸石材料在道路工程中的应用。

寒冷地区煤矸石材料在道路工程中的应用与推广,不仅使得煤矸石资源的综合利用达到一个新的高度,实现经济的可持续发展及资源的再生利用,适合资源节约和环境友好型社会的要求,而且改善了东北老工业基地的投资和自然环境,具有巨大的战略意义和现实意义。

1.3 国内外研究现状

煤矸石作为固体废弃物,占用了大量的土地,对环境造成了严重的污染。目前主要从两个方面解决煤矸石材料引起的环境问题;采用一定的措施控制煤矸石山的物理化学作用;对煤矸石进行综合利用,通过减少煤矸石的地面堆积量达到治理的目的。

1.3.1 国内研究现状

20 世纪 50 年代,我国的科技工作者就对煤矸石进行了综合利用的研究,几十年来创造了许多煤矸石综合利用技术,如煤矸石用于生产水泥、混凝土、砖、陶粒、砂浆及道路工程、农用肥料、发电、化工填料等,促进了煤矸石的综合利用。

我国煤炭生产部门习惯上用颜色来分类命名,如黑矸、灰矸、白矸、红矸等,也有用其产出层位来分类的,如顶板矸、夹石矸等。但这些分类方案既不能反映矸石自身的化学成分和物理化学特征,也不能根据这些分类方案提出煤矸石加工利用方向。20 世纪 80 年代中期以来,我国科技工作者对煤矸石分类进行了研究,有代表性的主要有原中国矿业学院在 1986 年提出的等级定量法、重庆煤炭研究所王长根提出的三级分类命名法和葛宝勋等提出的二级分类命名法三种。后来中国矿业大学对华东地区煤矸石按照岩石类型、含铝量、含铁量、含钙量四个指标进行了分类;中国矿业大学许泽胜等根据我国煤矸石的实际情况,以煤矸石产出方式作为划分依据,将煤矸石分为煤巷矸、岩巷矸、剥离矸、手选矸、洗矸和自燃矸六大类。

利用煤矸石作为塌陷区充填材料,可大量地消耗煤矸石,这样可减少煤矸石对矿山环境的污染,在充分利用矿区固体废物的同时,解决塌陷地的复垦问题,具有一举多得的效果;采煤过程中排出的废弃物大多含有一定量有机质,可以利用煤矸石在沸腾炉中燃烧供暖或发电;未燃煤矸石可用作配料制砖,由于其本身具有可燃成分从而可以节约原料煤;自燃煤矸石也可以用来制砖,其制砖技术和装备取得重大突破,达到国际先进水平;用煤矸石生产轻骨料,代替石子生产轻型建筑材料。

随着公路建设的飞速发展,对道路建筑材料的需求量与日俱增,近年来,对煤矸石在筑路方面的应用进行了探索性的研究。中国矿业大学对煤矸石作为路基填料的物理力学性能进行了大量的试验,经过理论分析与对比提出了煤矸石作为路基填料的可行性与技术途径;济南煤炭设计院在山东兴隆庄修筑煤矸石路基,经过 8 年的观测,路基路面整体强度在逐年增长;长沙理工大学在河南济东高速公路获嘉至新乡段采用煤矸石修筑路基,经过振动压实煤矸石颗粒构成粗细骨料级配良好的煤矸石压实体,具有很好的隔水效果;山东省新泰市交通局大力倡导发展循环经济、建设资源节约型社会,采用煤矸石材料铺筑路基 1 000 多公里,节约耕地 600 多亩(1 亩 $=666.67\text{m}^2$),降低路基铺筑材料支出成本达 3 000 万元。长春市交通局和九台市公路段于 1991 年和 1999 年分别在九舒线九台市出口和鸡鸣山—纪家四级公路上修建了 300m 和 500m 的已燃煤矸石基层试验路,后期弯沉检测满足设计要求;1999 年湖南宁乡—横市高等级公路上修筑了水泥稳定煤矸石基层,通过对试验路段的检测,各项技术指标均满足设计要求。

1.3.2 国外研究及应用现状

国外对煤矸石的初步研究应用开始于第二次世界大战之前,但是直到 1960 年以后,它才真正引起各国政府的足够重视。目前煤矸石在国外的工程利用技术已较为成熟,其利用率一般在 40% 以上,甚至可达 60% ~80% 。

英国目前有煤矸石约16亿t,煤矸石山800余座,大部分的煤矸石作为普通的充填材料用于堤坝、公路和其他土建工程。自燃煤矸石目前在英国已经得到广泛的利用,并且煤矸石已被认为是一种优质的工程材料。例如按照一定的比例将自燃矸石和土矿物混合做成混合料,制成简易的防滑路面;将某些已经燃烧过的煤矸石破碎筛分后作为骨料用于生产低强度等级的混凝土和预混凝土砌块等,仅此一项每年消耗的煤矸石可到达上万吨。

在苏联的顿巴斯矿区,煤矸石每年排放量就已超过6 000万t,在矿区堆存量达到8亿t。主要通过以下几种手段消耗和利用煤矸石:一是利用煤矸石作为平整场地的底层填料。由于煤矸石的自燃特性,煤矸石经自燃后变成了烧岩。将烧岩作为碎石铺筑在沥青混凝土路面下,作为双层垫层的底层,造价低于高炉矿渣。使用这类煤矸石建成街道和人行道,总长度达500km以上,该地区每年用作平整场地的煤矸石达到30万~40万t。二是利用有机质含量大的煤矸石生产高效有机矿物肥料。据统计,伯尔姆州经多年使用煤矸石肥料后发现,农作物产量增加,目前该地区正在大规模推广扩大煤矸石肥料的使用。三是将自燃的煤矸石磨细后用来生产制作蒸压加气混凝土或泡沫混凝土,少部分作为活性矿物掺料掺入水泥中。

法国的煤矸石年排放量约850万t,堆存量已超过10亿t,全国有煤矸石山500余座。法国将煤矸石作为建筑材料的研究做得较为细致。对自燃煤矸石进行破碎、划分等级,然后根据煤矸石的不同等级和种类将其用于空地以及公共场所的表面装饰、停车场的建设当中,取得了良好的效果。并且随着煤矸石作为建筑材料的研究应用的迅速发展,现已从城市道路发展至乡村道路、人行道,甚至到公园小路和运动场地等,年用量已达40万~50万t。另外他们还利用煤矸石制砖、生产水泥和用作集料碎石铺筑道路。法国的研究部门对煤矸石进行深入研究后发现煤矸石是优良的道路充填材料,适合铺设路基,并且这些路基具有易于压实、路面沉降小、干密度较大、强度高和隔水性好等优点。

美国现有300余座自燃煤矸石山,煤矸石存量达270亿t。从1970年开始,矿业局对全国范围内的煤矸石堆存场进行了采样分析,并根据不同的煤矸石制订了煤矸石综合利用的系统规划。利用燃烧过的煤矸石“红矸石”作为道路的工程材料,是目前煤矸石主要的利用途径之一。此外,他们还将煤矸石应用到其他的一些领域:生产轻骨料和空心砌块、砖;用作水泥混凝土集料;作筑路和建筑填充材料;直接用于发电;从中提取收集化工和工业原料等。

此外,匈牙利马特劳力等公司经多年努力取得了生物复田工艺专利,该项目的成功之处在于可在没有表土层的情况下,仅用一个生长期就能使煤矸石覆盖层变成肥沃的土地,目前该项专利正在向全世界推广开来。

1.3.3 存在的问题

煤矸石材料作为一种资源,越来越受到国内外相关学者的重视。根据煤矸石材料的岩性、化学成分及矿物成分特点,对其应用开展了一系列的探索性研究,在建筑材料、陶瓷、化学工业、农业等领域取得了一定的成果。关于煤矸石的分类,国内外至今尚无系统、完整、统一的方案,都是不同研究者根据某些特征提出自己的分类标准。目前我国煤炭生产部门采用的颜色分类命名、煤矸石产出层位分类命名和岩石名称分类命名方案都存在不当之处,且将其用于指导路用煤矸石材料的分级分类可操作性较差,不便于实际应用。国内山西、山东等产煤大省在煤矸石用作道路建材方面做了大量的工作,主要针对煤矸石的矿物成分、物理化学性质、级配要求、混合料强度等方面进行了大量的室内外研究，为推广煤矸石在道路工程方面的综合利用积累了许多宝贵经验。但是由于各地煤矸石物理化学性质的差异较大，前期的研究工作大多只针对特定煤矿进行部分试验，缺乏系统的研究，没有形成指导煤矸石材料在道路工程中应用的技术指南。特别是在寒冷地区，由于其特殊的地理、气候条件，将煤矸石材料用于道路工程中还存在很多值得进一步研究的技术问题。

第2章　煤矸石的分布与应用

为了了解煤矸石在东北地区的分布，明确不同的岩性、煤质、开采方式、存放时间以及已燃和未燃煤矸石的性质，项目组对东北地区（吉林省、黑龙江省、辽宁省和内蒙古自治区）的部分煤矸石进行了详细的调查，掌握了东北地区煤矸石的分布情况，共取得煤矸石样品43种。

2.1　东北煤矸石的分布

2.1.1　吉林省煤矸石分布情况

吉林省煤炭资源分布较广，全省46个市县中有32个市县有煤炭资源，煤炭品种较齐全，有长焰煤、褐煤、气煤、肥煤、焦煤、瘦煤、无烟煤等，总储量为42.65亿t。资源主要分布在蛟河煤田、羊草沟煤田以及属于老第三系含煤层的梅河煤田和珲春煤田，如图2.1所示。褐煤主要分布在舒兰煤田、珲春煤田及刘房子煤田等；气煤主要分布在辽源煤田、浑江煤田、万红煤田和杉松岗煤田；炼焦用煤主要分布在浑江煤田、万红煤田和杉松岗煤田。具体煤田、煤产地煤质分析见表2.1。

吉林省主要煤田、煤产地煤质分析表　　表2.1

煤田名称	含煤地层	煤种	煤层厚度(m)/平均厚度(m)	原煤灰分(%)	原煤全硫(%)	发热量(kcal/kg)
辽源煤田	晚侏罗系	气煤	0.5～40/10	22.38	0.76～0.94	2 922～8 626
梅河煤田	下第三系	长焰煤、褐煤	0～26.14/5～15	29.12	0.5	7 014
金宝屯煤田	上侏罗系	长焰煤	0.35～5.78/3.1	22.86	0.8	7 535
浑江煤田	石炭二叠系	焦煤、气肥煤	0.5～21.92	11～45	0.39～1.3	4 568～7 413
	上三叠系小营子组	气肥煤	0～3.95/2	30.98	2.84	6 500
	上侏罗系石人组	气煤	2.83～11.97	26～40	2.05	4 305～5 739
舒兰煤田	下第三系	褐煤	9.59～19.35	33.5	0.23	6 787
营城煤田	上侏罗系	长焰煤	0.76～11.73	34.4	0.7～1.47	4 400～4 900
珲春煤田	老第三系	长焰煤、褐煤	0～5/0.93	32～39	0.25～0.35	5 600
蛟河煤田	侏罗系	长焰煤	0～10.6	35～40	0.35～0.7	5 979～8 017
万红煤田	下侏罗系	贫瘦煤	0.2～5.94	27.5	0.46	4 902
羊草沟煤田	下白垩系	长焰煤	0.39～11.65/5.46	34	0.39	4 678
和龙煤田	上侏罗系	长焰煤	0～2.4	33.12	0.23	5 256
延边煤田	上侏罗系	长焰煤	0.7～1.62	30.81	0.71	5 479

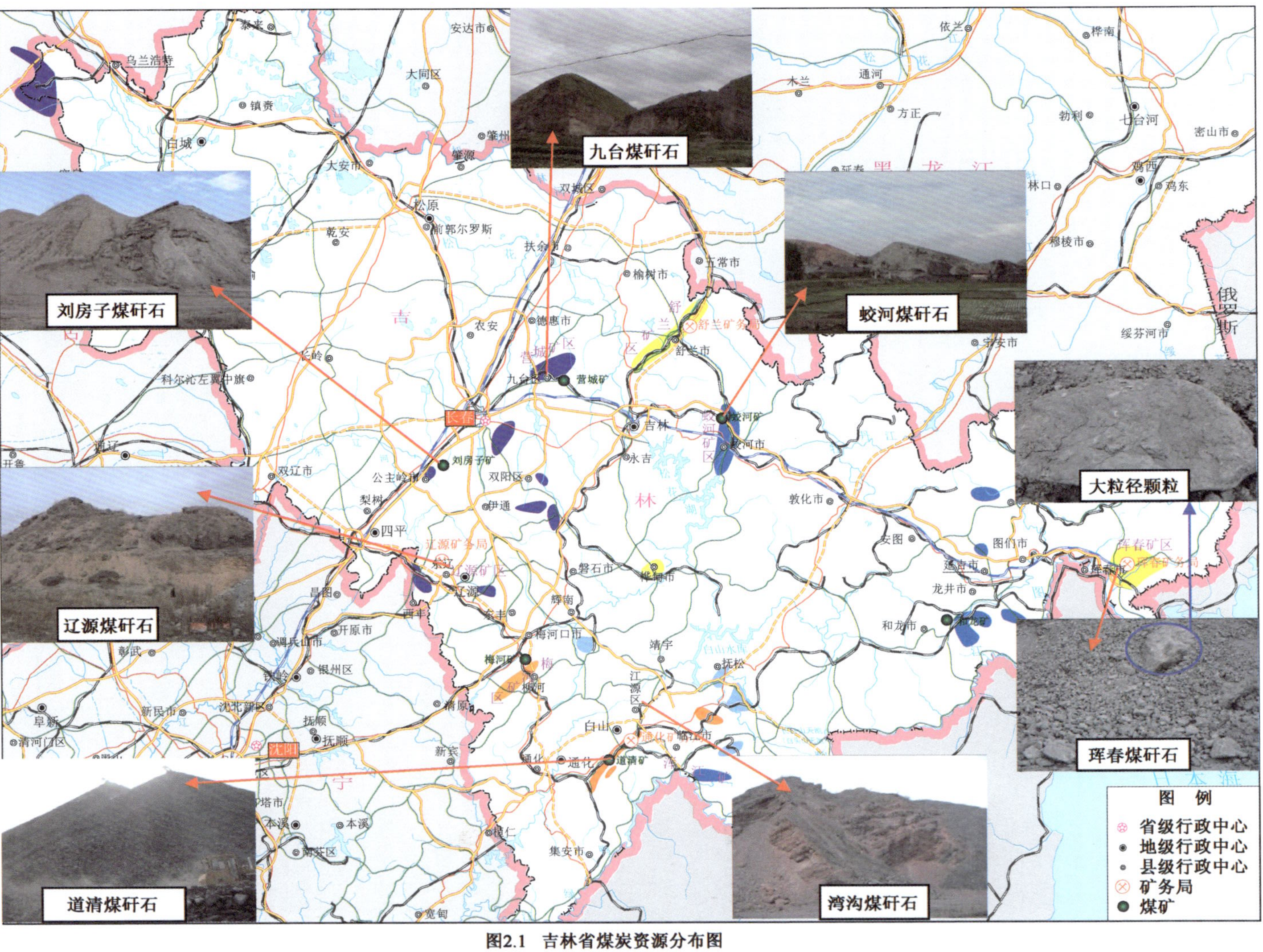

图2.1　吉林省煤炭资源分布图

吉林省代表性煤矸石共取9种,其中已燃煤矸石5种,未燃煤矸石4种,代表煤矸石所在煤矿生产情况见表2.2。

吉林省代表煤矸石所在煤矿生产情况 表2.2

煤矸石名称	煤种	瓦斯等级	开拓方式	可采储量(万t)	煤炭年产量(万t)
蛟河(已燃)	气煤	高	斜井	5 641.1	145
蛟河(未燃)					
辽源(已燃)	气煤	高	斜井	590	156.81
九台(已燃)	长焰煤	低	斜井	17 855.9	50.2
湾沟(已燃)	1/3 焦煤	高	斜井	2 159	65.4
道清(未燃)	焦煤	高	斜井	3 475	36.2
刘房子(未燃)	褐煤	高	斜井	316	44.99
刘房子(已燃)					
珲春(未燃)	褐煤	低	立井	7 062	23.5

2.1.2 黑龙江省煤矸石分布情况

黑龙江省煤炭总储量为358.8亿t,含煤地层以侏罗系为主,其次是第三系。煤炭资源主要分布在鸡西煤田、勃利煤田、双鸭山煤田及鹤岗煤田。煤炭品种牌号齐全,有气煤、肥煤、焦煤、瘦煤、贫煤、无烟煤、长焰煤、褐煤,其中焦煤和配焦煤占一半以上,煤质优良。黑龙江省代表性煤矸石共取15种,其中已燃煤矸石6种,未燃煤矸石9种,代表煤矸石所在煤矿生产情况见表2.3。黑龙江省煤炭资源分布见图2.2。

黑龙江省代表煤矸石所在煤矿生产情况 表2.3

煤矸石名称	煤种	瓦斯等级	开拓方式	可采储量(万t)	煤炭年产量(万t)
双阳(已燃)	长焰煤	低	斜井	9 749	146
双阳(未燃)					
四方台(已燃)	气煤	低、高	斜井	1 093	42
四方台(未燃)					
恒山(已燃)	1/2 中黏煤	高	立井	13 557	220.5
恒山(未燃)					
富力(已燃)	1/3 焦煤	低	斜井	5 583	201.05
富力(未燃)					
新兴(已燃)	1/3 焦煤	低	斜井	3 939	166
黑龙湖(未燃)	肥煤	低	立井	15 736	160.5
白龙湖(未燃)					
七台河(已燃)	瘦煤、焦煤	低	斜井	1 509	37.56
滴道(未燃)	焦煤/肥煤	突	立井/斜井	9 910	108.9
峻德(未燃)	气煤、气肥煤	低	立井	20 378	187.74
依兰(已燃)	长焰煤	高	露天	5 173	287.9

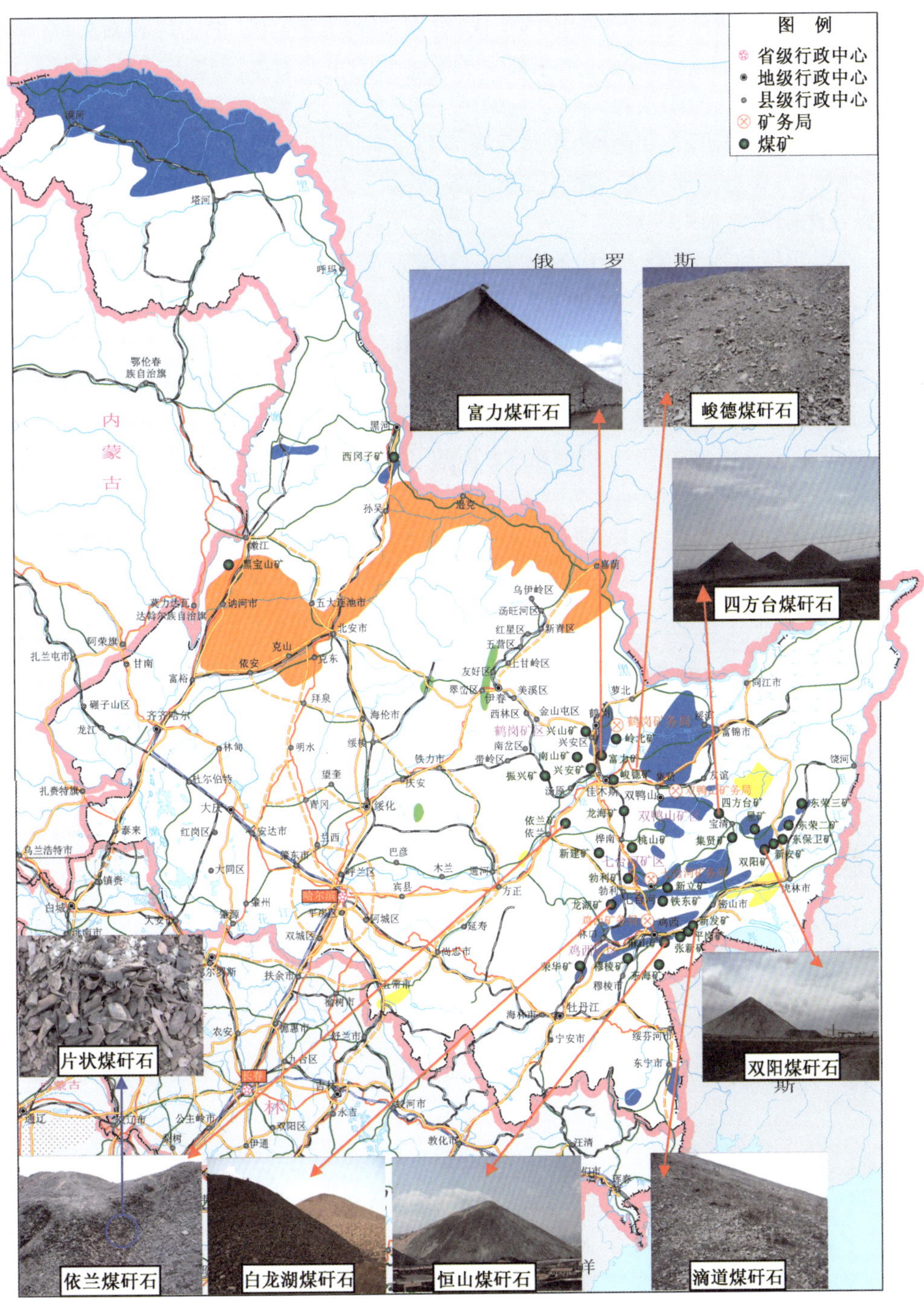

图2.2　黑龙江煤炭资源分布图

2.1.3 辽宁省煤矸石分布情况

辽宁省煤田分布较广，按煤炭生成的年代，分别属于晚古生代、中生代和新生代三个成煤时期。晚古生代含煤地层分布在辽宁东部太子河流域的主要有本溪煤田、下辽河平原的红阳煤田以及辽宁西部地区的南票煤田以及红螺岘、杨家杖子、凌源、喀左等煤产地。中生代含煤地层主要分布于北票、朝阳、和尚沟、南票双塔沟和辽东的田师傅、马架子等地；上统为辽宁省主要含煤地层，主要分布于阜新、铁法及彰武等地；新生代下第三系含煤地层分布于抚顺、沈北、清原以及沈阳南郊永乐等地。

辽宁省煤炭品种齐全、煤质好，有褐煤、长焰煤、气煤、肥煤、焦煤、瘦煤、贫煤、无烟煤、弱黏煤等，以长焰煤为主，占总量的41.6%，气煤与褐煤次之，煤炭总储量为160.47亿t。长焰煤主要分布于阜新煤田、铁法煤田、康平煤田、南票煤田、北票煤田西南部和八道壕煤田；肥煤、焦煤、瘦煤主要分布于红阳煤田北部、本溪煤田、北票煤田东北部和抚顺马架子矿区及凤城赛马矿区；贫煤、气煤主要分布在抚顺煤田、铁法煤田西南部、北票煤田西南部；无烟煤主要分布在红阳煤田南部、本溪煤田东部和烟台煤田；褐煤主要分布在沈北煤田。

辽宁省代表性煤矸石共取13种，其中已燃煤矸石6种，未燃煤矸石7种，代表煤矸石所在煤矿生产情况见表2.4。辽宁省煤炭资源分布见图2.3。

辽宁省代表煤矸石所在煤矿生产情况　　表2.4

煤矸石名称	煤种	瓦斯等级	开拓方式	可采储量（万t）	煤炭年产量（万t）
抚顺西（已燃）	长焰煤	高	露天	280	264.81
大明（已燃）	长焰煤	高	立井	2 335	32.23
大明（未燃）	长焰煤	高	斜井	3 617	145.1
林盛（未燃）	肥煤	高	立井	9 115	92.5
林盛（已燃）					
邱皮沟（未燃）	气煤	低	立井	938	47.54
邱皮沟（已燃）					
红阳（未燃）	无烟煤、瘦煤	高、突	立井	15 459	370.1
红阳（已燃）					
蒲河（未燃）	褐煤	高	立井	25 391	53.8
三台子（已燃）	长焰煤	低	斜井	1 351	33.65
三家子（未燃）	气煤、弱黏煤	高	斜井	3 597	39.4
红菱（未燃）	焦煤	突	立井	5 912	98

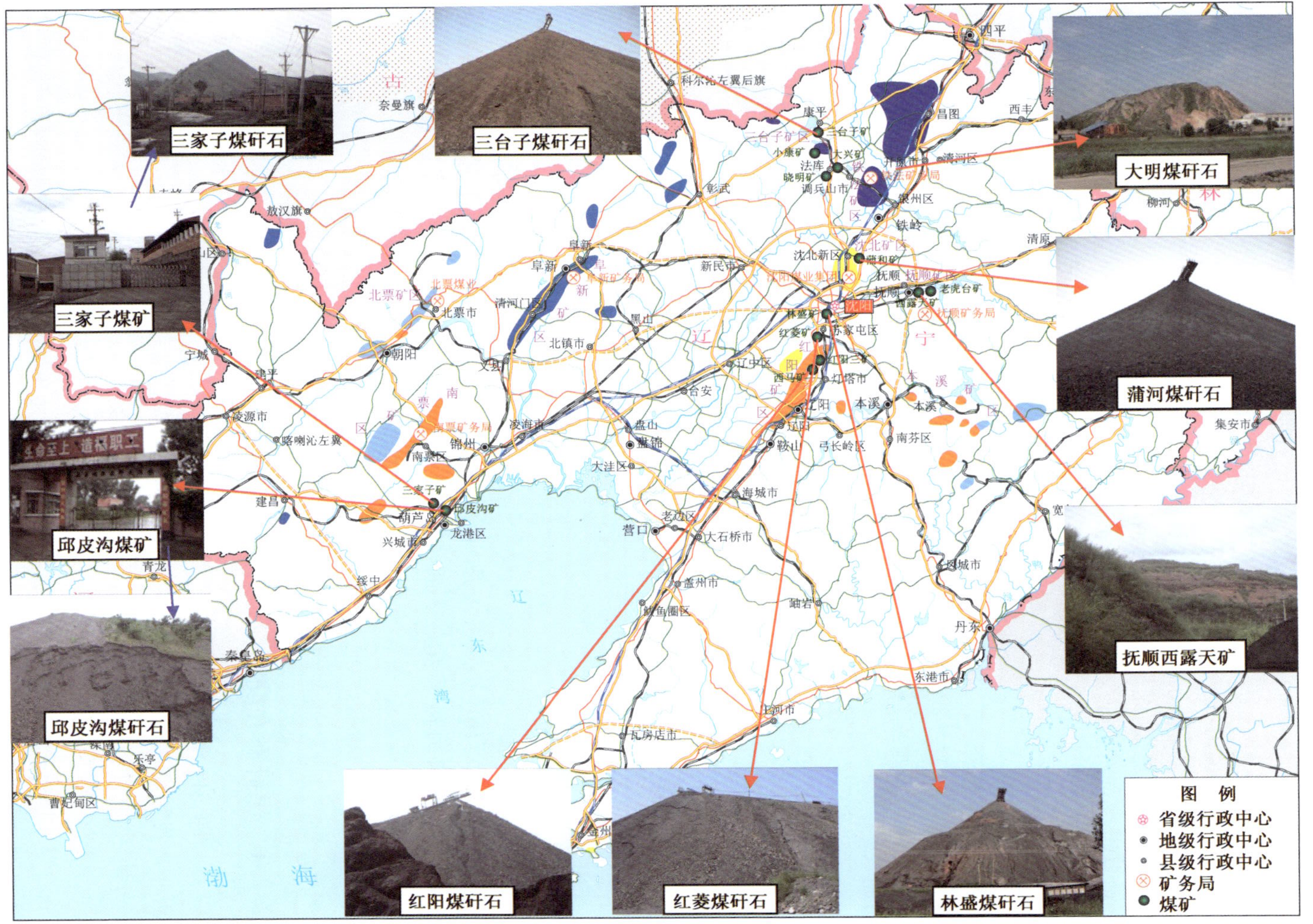

图2.3　辽宁省煤炭资源分布图

2.1.4 内蒙古自治区煤矸石分布情况

内蒙古自治区煤炭资源丰富,煤质齐全,已查明含煤面积达10余万平方公里,煤炭储量在1亿t以上的有24处,主要分布在大青山煤田、准格尔煤田、东胜煤田、桌子山煤田、乌达煤田、胜利煤田、霍林河煤田、巴彦宝力格煤田、伊敏河煤田、陈巴尔虎旗煤田、平庄—元宝山煤田,煤炭总储量10 876.23亿t。内蒙古自治区富存煤种齐全,其中炼焦用煤有气煤、肥煤、焦煤和瘦煤,非炼焦用煤有贫煤、无烟煤、弱黏煤、不黏煤、长焰煤、褐煤、天然焦等。内蒙古自治区幅员辽阔,项目组仅对内蒙古东部的煤矸石分布开展了调查,选取了代表性煤矸石6种,其中已燃煤矸石2种,未燃煤矸石4种,代表煤矸石所在煤矿生产情况见表2.5。内蒙古自治区煤炭资源分布见图2.4。

内蒙古自治区代表煤矸石所在煤矿生产情况　　表2.5

煤矸石名称	煤种	瓦斯等级	开拓方式	可采储量（万t）	煤炭年产量（万t）
古山(未燃)	长焰煤	低	斜井	2 074	127
古山(已燃)					
三道营坑(未燃)	褐煤	低	立井/斜井	—	4.5
三道营顶(未燃)					
黄花山(未燃)	贫煤	低	斜井	30	2.52
五家(已燃)	褐煤	低	立井	9 027	78.51

2.2 煤矸石的应用

煤矸石的堆放对环境影响极大,如果加以适当的处理,进行有效的利用,可以将煤矸石废弃物变废为宝,化害为利,产生较大的经济效益、环境效益和社会效益。通过对国内外煤矸石应用相关资料的搜集整理,并结合对东北地区煤矸石分布调查时收集到的煤矸石应用资料,煤矸石材料的应用领域较为广泛,主要应用在能源、建筑工程、化学工业、陶瓷合成、农林业及交通等领域。

2.2.1 煤矸石在交通领域中的应用

(1)煤矸石在公路工程中的应用

近年来我国交通事业飞速发展,道路的大规模兴建对道路材料的需求量逐年增大。一方面,部分地区集料的开采对生态环境产生了巨大的破坏,与“绿色公路”的先进理念相违背;另一方面,我国对煤矸石的利用率较低,煤矸石作为道路工程材料具有广阔的利用前景。因此,将煤矸石引入道路工程建设中既可解决道路征地取土的难题,又能大量消耗煤矸石,还将会产生巨大的经济、环境和社会效益。公路建设的飞速发展,需要大量的路基填料及路面建筑材料,这就为煤矸石的利用开辟了一条新路。

①煤矸石在路基工程中的应用。煤矸石在高速公路上的应用较少,部分品质较好的煤矸

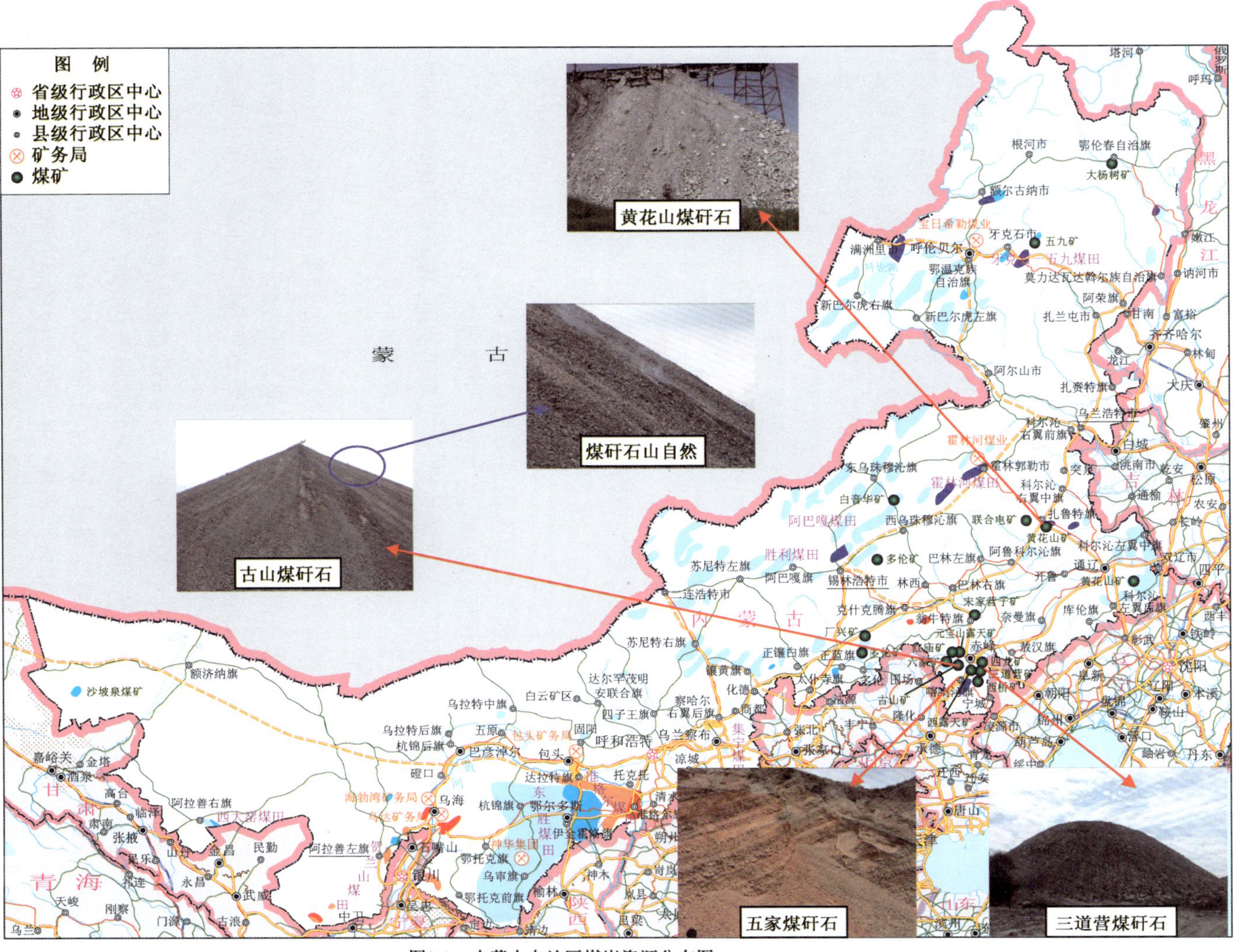

图2.4　内蒙古自治区煤炭资源分布图

石应用在高速公路的匝道上，在高速公路主线上应用煤矸石填筑路基的工程实例较少。煤矸石填筑路基应用较成功的实例有河南济东高速公路获嘉至新乡段和京福高速公路枣庄段。煤矸石在普通公路上的应用比较普遍，在有煤矿的地方，大多采用附近的煤矸石进行修筑路基的工作，但大多数工作只限于针对特定煤矿进行了部分试验，缺乏系统试验和煤矸石路基的规范性设计和施工要求。

刘春荣、宋宏伟等人通过试验研究了煤矸石的一些材性，分析了煤矸石作为路基填筑料存在的一些主要的应用问题并提出了一种新的路基压实度的检测方法。田宇、刘登攀等人研究了煤矸石作为城市道路工程的路基填筑料的应用，以徐州市的“时代大道”工程为试验段，将煤矸石用于液化土地基、软土路基的处理，通过对煤矸石的部分物理力学性能进行研究，得出煤矸石的特征表，提出了煤矸石路基的施工工艺。许明军、方磊等人分析了利用煤矸石制成的路基的压实机理以及质量控制的方法，最后得出结论，煤矸石路堤的压实过程大致为：一是颗粒破碎阶段，在这一阶段受碾轧后粒径比较大的煤矸石颗粒破碎成粒径比较小的颗粒；二是细小颗粒比例提升阶段，在这一阶段改良了煤矸石的颗粒级配，大大提高了利用煤矸石填筑的路堤的压实度；同时还对路堤压实功、煤矸石的含水率和路堤铺筑的每层的厚度等条件对煤矸石填筑的路堤的施工影响进行了分析，提出了表面波法、压实计法和碾压沉降差法三种控制煤矸石路堤填筑质量的方法。郭秀岗、刘文华等人将煤矸石应用于路基填料当中，分析研究了在软土地基上修筑煤矸石路基的施工工艺，为拓宽煤矸石的实际工程应用提供了重要的依据。

随着理论研究的不断深入，煤矸石作为道路路基填料的工程实践逐渐增多。1995 年，山东省枣庄市交通局、山东交通科研所、山东省枣庄市的公路管理处联合成立课题组对“104 国道枣庄段使用煤矸石路堤”进行了一系列研究及论证。枣庄北井、关庄、周营的煤矸石渣的烧失量低于 15%，易作路堤填料。而沿着 104 国道两侧的后湾矿区与达甘森矿煤矸石均为片状、灰褐色，烧失量都大于 15%，并且小于 30%，具有一定的强度，掺入一定量的细粒土，能够有利于稳定和压实。所修筑后的煤矸石试验路堤，经过多年使用，其运营状况较为理想。

1996 年在娄底市铺筑的宁横公路全长为 37.8km，双向四车道，路基层的设计为 20cm 水泥稳定煤矸石，严格地控制施工工艺，取得了较好的效果。在荆南公路 K19 + 500 ~ K59 + 500 路段中，垫层直接采用了煤矸石铺筑，施工方法用碎石垫层，其基层采用了石灰土煤矸石。

1997 年，我国 205 国道山东张博段修建时土源短缺，但因地处产煤区，附近煤矸石山众多，经试验研究采用煤矸石作为筑路材料。试验表明煤矸石底基层比 12% 石灰土基层强度略高，完全满足公路整体强度要求，该路段至今运营良好。

1998 年修建的鹤伊高速公路，其中 K0 + 000 ~ K3 + 650 路段为平原微丘区，由于鹤岗为我国著名的产煤区，煤矸石资源丰富，采用煤矸石作为此路段路基填料，至今运营良好。同年 3 月，京福国道山东曲张段采用煤矸石作为路基填筑材料，在 K135 + 860 ~ K136 + 600 处修筑了试验路段，后来又在 10 多公里的路段中推广使用。该路段在使用过程中，经过测试表明煤矸石应用效果良好。

2005 年，原交通部所确定的 16 条东西向干线之一的上洛（上海到洛阳）高速公路中的平顶山至临汝的高速公路是“国家重点公路建设规划”项目。设计为双向四车道高速公路，路基宽度为 28m。该项目全长 10.2km，路基填方量为 2 150 274m^3，全部采用煤矸石填筑。该标段于2003年12月正式开工，在2005年7月中旬完工，其使用效果良好。

2011年，河北省邢台煤矿矿井产出的废弃煤矸石储量200余万方，邢汾高速公路筹建处与长安大学对煤矸石进行了试验，最终确定煤矸石满足路基使用要求，设计中增加了煤矸石填筑路基。

②煤矸石在路面结构中的应用。煤矸石在沥青混凝土中的应用较少，只有北京路新沥青混凝土有限公司的胡达平研究选用北京市沥青路面底面层通常使用的AC-25C型沥青混合料作为试验品种，在沥青混合料中利用煤矸石代替部分石灰岩，对混合料性能进行试验，各项技术性能均可达到规范所规定的要求。经过室内试验，进行了相关试验路段的铺筑应用。北京市朝阳区惠新西街是连通北四环和北三环的联络线，辅路面层采用两层结构，底层为AC-25型沥青混合料，面层为AC-13型沥青混合料，两层沥青混合料添加10%的煤矸石代替部分石灰岩。从施工后的效果看，与普通沥青混合料并无明显区别。在以后的应用中可逐步加大煤矸石的使用量，但要满足粗集料总量的针片状含量不超过规范规定的标准。

煤矸石在路面基层中的应用多采用二灰稳定和水泥稳定两种形式。二灰稳定煤矸石基层在农村公路中的应用可以解决资金短缺、技术力量差、管理不规范和筑路材料缺乏等问题。重庆交通学院在重庆荣昌县选用煤矸石，进行了煤矸石单质材料试验，对二灰稳定煤矸石和二灰稳定煤矸石加页岩土基层材料进行了抗压强度、劈裂强度和抗压回弹模量试验，应用于农村公路，结果表明采用二灰稳定煤矸石和二灰稳定煤矸石加页岩土作农村公路路面(底)基层在技术上是可行的，并具有较好的经济性。抚顺市公路管理处选用抚顺西露天矿煤矸石修筑了煤矸石基层试验路，经过使用和后期野外观测，该结构可以作为沥青路面的基层，强度上满足技术要求。宋昕生、夏英志等人将产自于平顶山地区的煤矸石与粉煤灰和石灰粉混合后制成煤矸石混合料，并研究了其材性，最终提出了合理配比。赵成泉等人将产自于张店煤矿的煤矸石和石灰粉、粉煤灰混合后制成了不同配合比的混合料，并对混料的材性进行了分析研究，结果表明该煤矸石混合料可以用于高等级道路的底基层和低等级道路的基层当中。刘钊等人对煤矸石掺加石灰粉、粉煤灰和掺加粉煤灰、水泥、石灰粉以及掺加石灰三类煤矸石混合料的抗压、抗拉强度进行了对比研究。

程培峰、张互助等人利用水泥对七台河市的某一个煤矿产生的煤矸石进行稳定后，得出了水泥的掺入量与该混合料的抗裂性能的关系，并算出了水泥的最合理掺入量为5%～6%。孟文清、黄祖德等人对邢台矿区的煤矸石混合料路用性能进行了研究，利用数值分析的方法对各种掺和料对混合料性能的影响进行了分析，同时给出了强度和配比的理论公式，为煤矸石混合料路用性能的推广应用做出了重大贡献。裴富国等人以阳泉307国道复线中的路面工程的第一合同段作为研究对象，采用水泥对阳煤一矿产出的煤矸石进行稳定后作为路面结构的底基层的材料的相关性能进行了研究，并确定了最佳掺量值并改良了施工工艺。实践表明，道路建设中利用煤矸石在技术上是可行的，并具有明显的经济和社会效益。

③煤矸石用于制隔离墩和公路排水沟。辽宁省铁法煤业有限责任公司的大明二矿，煤种为长焰煤，瓦斯等级为高，开拓方式为立井，可采储量2 335万t，年产量为32.23万t，其灰分为6.82%，硫分为0.52%，属低灰分、低硫分煤。铁煤集团煤矸石制品厂，用煤矸石制作公路隔离墩以及边沟排水沟已形成规模，产品质量较好，在当地公路上已得到广泛应用，如图2.5、图2.6所示。

图 2.5　煤矸石制品厂及预制管

图 2.6　煤矸石用于制备隔离墩、排水沟

(2)煤矸石在铁路工程中的应用

在淮北矿区铁路工程中将煤矸石用作填筑铁路路基工程中，通过对煤矸石物理力学性能的分析，提出了煤矸石填筑路基的施工方法和质量控制；当颗粒级配不良时，需进行填料改良，提高路基填筑质量。经铁路工程实践，煤矸石路基符合铁路强度和稳定性要求，满足铁路技术标准规定，保证了铁路安全运输生产。

在蚌埠铁路工程中采用煤矸石回填矿区下沉区，大大减少了碎石用量，降低了养护费用；花家湖煤矿(新集二矿)专用线决定采用附近新集一矿堆弃如山的煤矸石作为路基填料，施工时将煤矸石运至工地后，推土机推成每层厚 50cm 左右，利用 20t 压路机碾压 5 ~7 遍，采用灌砂法检验密实度，合格后再填筑上层。运营至今已八年之久，路基状态良好，汛期从未发生边坡溜坍，也未发现基床翻浆、下沉等病害。

在鹤壁铁路工程中将煤矸石材料用作鹤壁矿区路基填料施工期间，将道床部位煤矸石视之为石砟，起道后捣固机捣固，两侧装载机压实，用此方法在沉区线路施工后，线路状态至今良好，应用煤矸石达 7 万 m^3，节约材料费、排水设施费等 150 多万元，经济效益显著；鹤煤集团公司十矿铁路装车站采用附近矸石山堆积的矸石作为路基填料进行施工。将矸石运往工地后，推土机推成每层500mm 左右，施工组织中考虑运输车辆的碾压，利用20t 压路机碾压3 ~5 遍，实践证明,路基状态良好,同时节省基建投资56万元。

2.2.2　煤矸石在其他领域中的应用

(1)煤矸石的能源应用

煤矸石含碳量的高低是决定其能源利用的主要依据,根据含碳量的高低,将煤矸石能源利用的途径划分为三类,具体划分标准见表2.6。其中,含碳量小于10%时不具有能源利用条件;含碳量在10%~20%时可作为水泥、筑砖部门的混合能源;当含碳量大于20%时可作为能源利用,回收其中的煤炭、制备煤气,或作为发电、供热等代替能源。

煤矸石能源利用含碳量分类　　表2.6

序　号	含碳量(%)	发热量(kJ/kg)	利用途径
1	4	≤2 090	水泥混合材料、混凝土掺和料、橡胶和塑料填料、提取铝等
2	5~10		
3	11~20	2 090~6 270	生产建筑材料如水泥原料、烧结砖
4	>20	6 270~12 550	发电、取暖

对含碳量高的煤矸石(含碳量≥20%),可以直接用作流化床锅炉的燃料发电或对混在煤矸石中的煤炭资源利用现有的选煤技术加以回收。煤矸石发电不仅解决了煤矸石堆放所带来的环境问题,而且可以缓解我国能源紧张的局面,并且在生产工艺中产生的有害气体、烟尘、废弃物基本上都能够得到回收,大气污染物的排放也可达到国家排放标准。煤炭资源选煤回收是煤矸石能源利用和其他资源化再生利用的预处理工作。在煤矸石资源化再生利用之前,回收其中的部分煤炭既节约能源又增加了经济效益,同时也对保证煤矸石建材、化工利用的产品质量,稳定生产工艺和操作方法十分有利。目前回收煤炭的洗选工艺主要有两种,水力旋流器分选和重介质分选。煤炭洗选设备及煤矸石电厂如图2.7所示。

图2.7　矿区煤炭洗选设备及煤矸石电厂

将发热量较高的煤矸石粉碎到3mm以下,再根据其发热量需要掺入一定量原煤、水分和助燃剂等,制成各种形状和用途的成型燃料。将40%的煤矸石与烟煤、添加剂按一定比例配成合成燃料,供工业锅炉和窑炉使用,可节省大量优质煤并降低生产成本。在相同条件下燃烧,煤矸石合成燃料燃烧后的排放物指标优于烟煤。

(2)煤矸石在建筑工程中的应用

①煤矸石在水泥生产中的应用。用煤矸石作为原料生产水泥,主要是由于煤矸石和黏土

的化学成分相近，可代替黏土提供硅铝质原料，而且煤矸石能释放一定的热量，可节省部分的燃料。

煤矸石替代黏土生产硅酸盐水泥时，煤矸石主要提供水泥熟料所需的酸性氧化物 SiO_2、Al_2O_3。根据煤矸石生产水泥的特点，可按成分中含 Al_2O_3 的多少，将煤矸石分为低铝（20% ±5%）、中铝（30% ±5%）、高铝三类（40% ±5%）。具体进行配料计算时，使水泥熟料中 Al_2O_3 含量达到 7% ~8% 即可。

利用煤矸石材料中含有的大量 Al_2O_3 生产硫铝酸水泥及氟铝酸水泥，如青海水泥股份有限公司生产硫铝酸水泥，内蒙古某水泥厂生产氟铝酸水泥。将煤矸石、氯化钙、萤石、石灰石、黏结剂等工业原料配料后一起粉磨、成球，在流化床锅炉中燃烧的同时生产出具有特性的新型煤矸石水泥。利用煤矸石流化床低温煅烧水泥，工艺简单、煤矸石用量大、设备投资少、生产成本低，同时可供热和发电，有较大的经济价值和社会效益。

含黏土类矿物的煤矸石可代替黏土组分，采用自燃煤矸石或烧煤矸石作为水泥混合材料，用于生产水泥，有良好的经济效益和社会效益。具体表现在：降低煤耗，节省燃料；增加产量，降低电耗；降低成本，改善水泥性能；保护环境，变废为宝。

②煤矸石在碱胶凝材料中的应用。碱胶凝材料——土聚水泥是高岭土等矿物经较低温度（500 ~900℃）煅烧，在碱性激活剂及促硬剂等外掺料的共同作用下形成的。其与硅酸盐水泥相比有突出的性能和特点：力学性能强；耐酸和盐的腐蚀性好；抗渗透性好；抗冻性强；水化热低；耐热性好；不易产生碱—集料反应。煤矸石经 750℃ 高温煅烧后，粉磨至细度在 80μm 方孔筛筛余 8% 以下，采用碱激发剂制得浆体，即碱激发煤矸石胶凝材料。

③煤矸石在混凝土材料中的应用。自燃煤矸石或烧煤矸石作为混凝土掺和料使用，一能降低水泥用量，从而降低能源消耗；二能大量利用工业废渣，降低对环境的污染；三能改善水泥混凝土的性能，增加水泥混凝土的抗碳化和抗硫酸盐侵蚀等能力，提高混凝土制品质量和工程质量。

经粉碎筛分而得的自燃煤矸石称为自燃煤矸石轻集料。由于自燃煤矸石骨料本身具有较多孔隙，有很强的吸湿性，因此，在加水量相同时，随着煤矸石集料等量取代砂石的增加，混凝土拌和物的稠度变大，坍落度减小。在拌和用水量不变的情况下，当自燃煤矸石等量取代量小于 40% 时，其混凝土强度与砂石集料混凝土强度基本相当；当取代量大于 40% 时，其混凝土强度高于砂石集料混凝土强度。在坍落度相同的情况下，自燃煤矸石集料混凝土的干燥收缩值一般小于砂石集料混凝土。自燃煤矸石集料混凝土抗渗性在早期（30d）优于砂石集料混凝土。随着养护龄期增加，砂石集料混凝土的抗渗性能增加，但随着养护龄期的延长，水化的充分，自燃煤矸石集料混凝土与砂石集料混凝土抗渗性基本相当。

④煤矸石在建筑制品中的应用。

a. 煤矸石制砖。我国煤矸石制砖从 20 世纪 60 年代开始至今，已积累了丰富的实践经验，产品也逐步多样化，从实心砖到空心砖、低标号砖到高标号砖，形成了不同规格的一系列产品。而且，在煤矸石烧结砖的基础上，还研制了免烧砖、装饰砖等。利用煤矸石制砖是节土、节煤、保护环境的有效途径，符合国家政策要求。

煤矸石制砖的工艺和设备与传统黏土烧结砖基本相同。利用煤矸石全部或部分代替黏土，采用适当烧制工艺生产烧结砖的技术在我国已经成熟，煤矸石砖的产品质量可以达到甚至超过传统黏土砖的质量标准，如图 2.8 所示。

图 2.8　煤矸石制砖

传统的烧结砖工艺会对环境造成二次污染且对煤矸石有较强选择性。选用煤矸石作原料生产免烧砖，原料选用重点是烧砖困难或不能烧砖的含铁、硫、钙、镁等较高的煤矸石。煤矸石制免烧砖即可避免传统制砖工艺造成的二次污染，又能显著提高煤矸石原料的适应性，是煤矸石制砖的重要方向。

劈离砖是挤出成型后数块合一、焙烧后劈离成单片的一种墙面及地面装饰材料。劈离砖由于表面硬度高、耐磨、热稳定性好，越来越受到建筑业的广泛重视和推广，产品表面有施釉和非施釉两种，通常以生产表面非施釉的劈离砖为主。该产品可广泛应用于中、高档建筑的内、外墙装饰。

b. 煤矸石混凝土砌块。以自燃或人工煅烧煤矸石为骨料，水泥等为胶结材料，加入少量外加剂，加水搅拌成型、自然养护而成的实心或空心砌块称为煤矸石混凝土砌块（图 2.9），这种砌块性能稳定，具有质轻、高强、工艺简单、成本低、利废率高、使用效果好等优点。以自燃煤矸石或人工煅烧煤矸石为骨料，以磨细粉煤灰、生石灰、石膏作为胶结材料，经振动成型、蒸汽养护而成的煤矸石空心砌块具有能耗低、自重轻、施工速度快、节约砂浆和节约投资的优点，综合效益显著。

图 2.9　煤矸石混凝土砌块

图 2.10　煤矸石生产陶粒

c.煤矸石陶粒。煤矸石陶粒(图 2.10)属轻骨料,具有轻质、高强、保温性能好、抗震防火等特点,广泛用于建筑材料。同时,用煤矸石制陶粒具有工艺简单、设备投资较小等特点,是部分煤矸石开发利用的重要方向。

⑤煤矸石在建筑地基回填中的应用。当建筑物基础下的持力层比较软弱,天然地基不能满足承载力和变形要求时,需要对地基进行处理。换填垫层法可有效地处理荷载不大的建筑物的地基问题,常作为浅层地基处理的主要方法之一。将煤矸石材料用于回填地基并夯实至要求的密度,能起到加固地基的作用。淮北市阳光实业公司在某小区规划多层住宅 16 幢,采用矸石垫层换填处理地基后,经实际检测,地基承载力特征值达到 175kPa 以上,比原天然地基承载力特征值提高了 60% 以上,满足了建筑物基础承载力的要求,采用矸石垫层处理软弱地基效果良好;江苏大屯煤矸石热电厂采用了在环板基础下直径 600mm 混凝土钻孔灌注桩与煤矸石垫层相结合的方法进行了地基处理,试验表明用煤矸石进行地基处理是可行的。

(3)煤矸石在化学工业中的应用

煤矸石中含有大量的有价元素,如硅、铝、铁、钙和大量的微量元素及稀有元素如镓、钒、钛、钴等。当煤矸石材料中某种元素或几种元素富集到具有利用价值时就可以提取加以综合利用。要有效地利用煤矸石中的有用成分,首先要对其进行热活化,使其晶体结构转变为活性较高的、半晶质及非晶质的 Al_2O_3 和 SiO_2,从而提高其反应活性。

铝的化合物具有两性特点,既可溶于强酸,又可溶于强碱,所以活化后煤矸石提取铝可分为酸法和碱法两大类。由于强碱液与二氧化硅反应,既耗费碱液又会将含硅杂质带入浸取液,增加了除硅工艺,所以铝硅比较高的矿物适合用碱法,对于氧化铝含量相对较低的煤矸石用酸法效果更理想。煤矸石中一般都有伴生的黄铁矿或赤铁矿,酸浸时这部分铁生成可溶盐进入浸取液成为杂质。将煤矸石材料经过破碎、煅烧、磨细、酸浸、除铁、沉淀、浓缩和脱水等工艺可以提取不同的铝化合物,如氧化铝、硫酸铝等。

分子筛是具有均匀的微孔,其孔径与一般分子大小相当的一类吸附剂或薄膜物质。从其结构来看,分子筛具有四面体骨架,由硅原子、铝原子、氧原子形成三维骨架结构。骨架具有空隙,能强烈吸附水的极性分子。4A 分子筛是一种人工合成沸石。在矿物学上,它属于含水架状铝硅酸盐类。近年来,4A 分子筛在我国的石油、化工、冶金、电子技术、医疗卫生等部门应用广泛。将煤矸石破碎后煅烧,提高其反应活性,然后加入 NaOH 溶液与之反应、晶化,最后过滤、洗涤、干燥即得 4A 分子筛成品。

在塑料、橡胶等有机高分子材料制品中,为了降低生产成本,提高有机高分子材料制品的某些性能,通常加入一定量的填充剂。煤矸石具有密度小、易加工、价格低廉的特性,且处理后与高分子材料有良好的混合性能,可作为填充剂使用。

(4)煤矸石在陶瓷合成中的应用

堇青石($2MgO \cdot 2Al_2O_3 \cdot 5SiO_2$)熔点是1 465℃,具有极低的热膨胀系数和优异的热震稳定性,因而被广泛用作陶瓷工业的窑具材料、催化剂载体等。天然产出的堇青石很少,而且纯度低,因此人工合成堇青石是堇青石制品的主要原料来源。堇青石理论化学组成(质量分数)为 SiO_2 51.36%、Al_2O_3 34.86%、MgO 13.78%。根据煤矸石的化学成分及当地的原材料情况,可选用滑石、菱镁矿、镁砂、刚玉等作为配制堇青石的主要原料;为了促进烧结和降低合成堇青石的热膨胀系数,可以引入不同种类的添加剂。助熔作用的添加剂有Li_2CO_3、$BaCO_3$、K_2O、CaO、TiO_2等,降低合成堇青石的热膨胀系数的添加剂有 Li_2CO_3、$BaCO_3$和锆英石等。

碳化硅是典型的共价键结合材料,分为高温型 α-SiC 和低温型 β-SiC 两种。β-SiC 材料以其优异的高温强度、高热导率、高耐磨性和耐腐蚀性等性能,在磨料磨具、耐火材料、冶金、高温结构陶瓷等诸多工业领域获得应用。煤矸石最好选用硅质煤矸石,且铁和碱金属等杂质含量要低。若选用非硅质煤矸石,其中有相当数量的 Al_2O_3存在,对 SiC 的生成结晶是不利的,Al_2O_3易与 SiO_2结合成为莫来石结构,因此,必须先除去煤矸石中的 Al_2O_3。除去 Al_2O_3的方法是先对其进行热活化处理,使煤矸石中铝氧八面体的矿石晶体结构转变为非晶质,然后酸浸除去其中铝,热活化时为了保证煤矸石中的碳不损失,可采用惰性气体进行保护。

Sialon(Silicon Aluminum Oxynitrit)材料具有高强、高硬、耐磨、耐腐蚀、耐高温、抗热震等优良的物理和力学性能,并且在热、光、声、电、磁、化学、生物等各方面具有卓越的功能,某些性能远远超过现代优质合金和高分子材料。该材料可广泛应用于冶金、电子、机械、化工、医药、光电、航空航天等行业。Sialon 是由 Al_2O_3中的铝原子和氧原子部分置换 Si_3N_4中的硅原子和氮原子而形成的,是处于 SiO_2-Si_3N_4-Al_2O_3-AlN 系统中的一系列物相的总称。合成 Sialon 的煤矸石应以高岭石为主要矿物,通常采用炭热氮化还原法与原料混合细磨,干燥成型后在氮气氛围下加热到1 400℃以上形成 Sialon。

(5)煤矸石在农林业中的应用

煤矸石在农业中的应用实际上就是通过覆土造田、改良土壤、生产肥料等手段,促进农业的发展,以便达到提高农作物产量、绿化生态环境等目的,具有明显的环境和经济效益。

煤矸石中有毒元素含量若超标,经过风化和大气降水的长期淋溶作用,各种有毒元素会离析出而渗入地下,导致土壤、地表水体及浅层地下水的污染。因此煤矸石作为煤田塌陷区充填复垦材料时,其有毒元素含量应对环境无毒性影响。在调查、测定土地破坏范围、塌陷深度、裂缝状况、积水深度、附加坡度、水质、土壤有毒物质、地下水位深度以及土壤基本养分状况等内容基础之上,结合矿区的自然条件、生态环境和当地经济发展状况,对复垦土地作出适宜性评价,据此采取不同的治理模式,使土地的利用方向更加合理。煤田塌陷区土地的主要复垦模式有:塌陷稳定区的煤矸石充填建筑复垦模式、塌陷区煤矸石粉煤灰充填农林复垦模式、渔业复垦模式及旅游复垦模式;主要技术措施有:抬田复垦技术、排涝降渍综合治理措施、复垦土地改良技术和水面利用与生态工程技术。

利用煤矸石搭设沙障固沙,同时混合撒播沙打旺、沙蒿、踏榔等植物种,不仅起到防风固沙作用,而且对沙地土壤有明显的改良作用。由于煤矸石障蔽的防风阻沙作用,使沙地土壤中细粒物质增加,土壤水分含量提高,土壤结构发生改变,土壤中有机质、全氮、速效磷、速效钾含量显著增加。

利用煤矸石为原料生产农用肥料，在国内外已开始应用，依照原理和工艺的不同，主要有煤矸石有机复合肥和煤矸石微生物肥料。煤矸石有机复合肥含有丰富的有机质和微量元素，并有较大的吸收性，有明显的增产效果；煤矸石微生物肥料是以煤矸石和廉价的磷矿粉为原料基质，外加添加剂等制成的，主要以固氮菌肥、磷肥、钾细菌肥为主，是一种广谱性的生物肥料，施用后对农作物有奇特效用。

第3章 煤矸石材料道路工程特性

通过对煤矸石材料的分布与应用调查，发现煤矸石材料种类繁多、成分复杂。由于各地煤矸石材料的物理化学性质差异较大，相同产地煤矸石材料的粒径和强度也很不均匀，对其成型理论、力学特性等方面缺乏系统的认识。因此，深入研究煤矸石材料的工程特性，对于指导其在道路工程中的推广应用具有重要的意义。

3.1 煤矸石材料的组成

3.1.1 化学组成

从化学组成上看，煤矸石材料是由无机质和少量有机质组成的混合物。

无机质主要包括各类矿物，构成各类矿物的化学元素多达数十种，一般以 SiO_2、Al_2O_3、Fe_2O_3 为主，还有 CaO、MgO 等及微量元素。煤矸石的化学组成是评价煤矸石材料性质，决定其化学活性的一项重要指标，直接影响其作为无机结合料的强度。对煤矸石材料的化学组成进行分析，有助于分析和掌握其工程性质。化学组成分析依据《公路土工试验规程》(JTG E40—2007)进行。由于煤矸石种类太多，化学成分复杂，这里只测定了煤矸石中对路用性能影响较大的几种主要成分以及烧失量。对寒冷地区代表性煤矸石材料的化学组成分析结果见表3.1。

煤矸石材料化学组成分析结果 表3.1

煤矸石产地		SiO_2 (%)	Al_2O_3 (%)	Fe_2O_3 (%)	(CaO + MgO) (%)	烧失量 (%)
吉林省	蛟河(已燃)	68.5	20.5	5.1	3.5	0.9
	蛟河(未燃)	65.0	15.4	4.2	2.0	8.4
	刘房子(已燃)	65.7	18.7	4.2	3.8	6.1
	刘房子(未燃)	56.1	13.0	5.3	8.9	12.8
	辽源(已燃)	66.3	18.2	5.2	3.6	5.4
	九台(已燃)	67.0	17.4	5.5	2.3	4.0
	道清(未燃)	59.0	15.6	6.9	1.3	8.5
	湾沟(已燃)	65.3	16.6	5.0	2.0	5.0
黑龙江省	双阳(已燃)	62.1	14.7	5.0	2.4	0.6
	双阳(未燃)	62.9	15.3	5.9	5.0	10.2
	四方台(已燃)	66.8	17.3	4.2	1.5	0.7
	四方台(未燃)	67.0	17.4	4.2	2.6	8.4

续上表

煤矸石产地		SiO_2 (%)	Al_2O_3 (%)	Fe_2O_3 (%)	($CaO+MgO$) (%)	烧失量 (%)
黑龙江省	峻德(未燃)	64.2	12.8	5.2	6.2	11.5
	滴道(未燃)	66.1	15.3	2.7	5.7	10.1
	恒山(已燃)	65.2	17.4	3.2	2.6	0.7
	恒山(未燃)	65.2	17.7	3.5	4.3	9.0
	新兴(已燃)	68.7	16.2	6.4	2.5	5.6
	七台河(未燃)	66.5	17.4	4.5	5.3	5.4
	富力(已燃)	64.2	17.4	3.5	6.2	1.1
	富力(未燃)	65.2	17.6	4.5	6.4	5.4
	黑龙湖(未燃)	66.1	17.2	3.2	7.1	6.0
	白龙湖(未燃)	69.8	15.9	4.2	3.0	7.0
	依兰(已燃)	58.9	18.7	8.9	9.1	1.4

试验结果分析：

①煤矸石材料化学组成中 SiO_2 的含量最高，为 56% ~ 70%；Al_2O_3 的含量为 12.8% ~ 20.5%；Fe_2O_3 的含量一般为 3% ~ 9%；($CaO+MgO$) 含量较低，一般为 1.3% ~ 7.1%；未燃煤矸石的烧失量较已燃煤矸石高。总体来说，不同煤矸石的化学组成虽然有较大的差别，但在本质上却表现出相似性，煤矸石材料化学组成中 SiO_2 和 Al_2O_3 的总量相差不大。

②粉煤灰的化学组成见表 3.2。

粉煤灰化学组成　　表 3.2

SiO_2 (%)	Al_2O_3 (%)	Fe_2O_3 (%)	($CaO+MgO$) (%)	烧失量 (%)
51.1 ~ 58.3	21.6 ~ 30.9	6.48 ~ 8.9	2.71 ~ 4.3	3.1 ~ 7.1

从表 3.2 可以看出，煤矸石材料与粉煤灰的化学组成较为类似，化学组成都是以 SiO_2 和 Al_2O_3 为主，但是与粉煤灰相比，煤矸石材料中 SiO_2 含量普遍偏高，而 Al_2O_3 和 Fe_2O_3 含量稍低，($CaO+MgO$) 含量相当；从烧失量上看，未燃煤矸石的烧失量较粉煤灰高，已燃煤矸石的烧失量较粉煤灰低。

3.1.2 矿物组成

矿物组成是决定煤矸石材料道路水理性和水稳性的基础。为了了解煤矸石材料作为筑路材料的使用性能，有必要对其矿物组成进行分析，以确定煤矸石材料中不稳定成分的特点。

采用 X 射线衍射定性半定量的方法，对寒冷地区不同矿区选择代表性煤矸石材料进行检测，得出煤矸石材料矿物组成的 X 射线衍射谱线。由此分析煤矸石材料的矿物组成及含量，进而分析各矿物组成含量对理化性质的影响。本试验主要依据国家标准《珠宝玉石鉴定》(GB/T 16553—2010)，检测温度 21℃，湿度 64%，部分煤矸石材料 X 射线衍射结果见图 3.1，各地煤矸石的矿物成分见表 3.3 ~ 表 3.5。

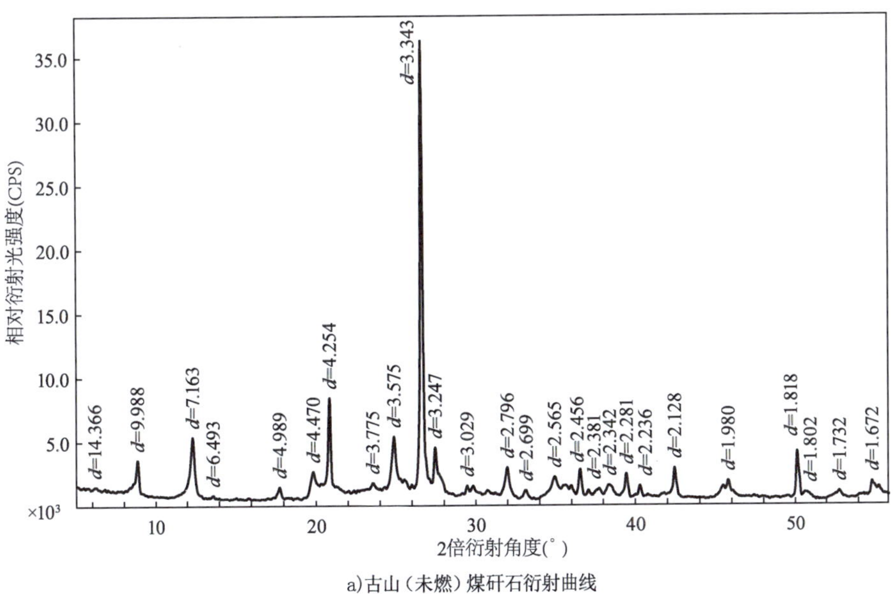

a)古山（未燃）煤矸石衍射曲线

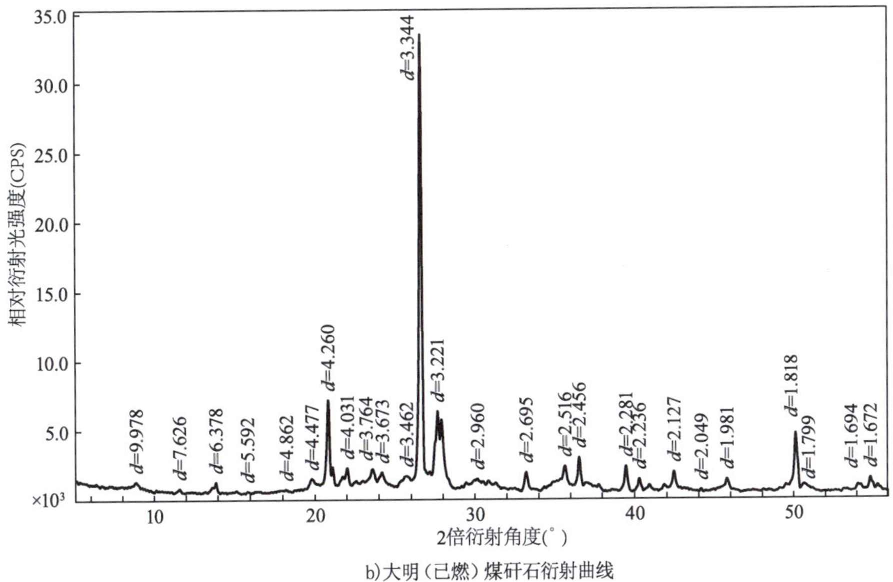

b)大明（已燃）煤矸石衍射曲线

图　3.1

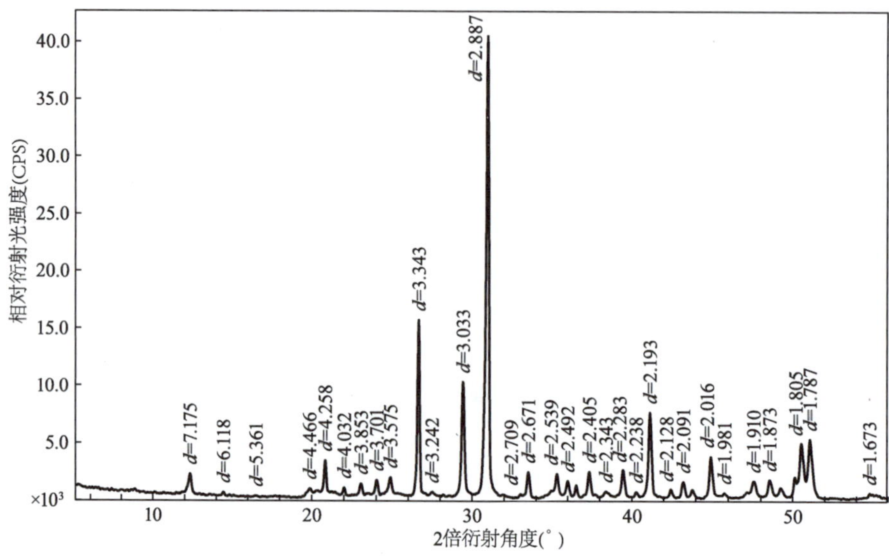

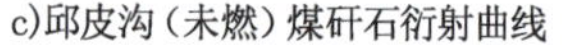
c)邱皮沟（未燃）煤矸石衍射曲线

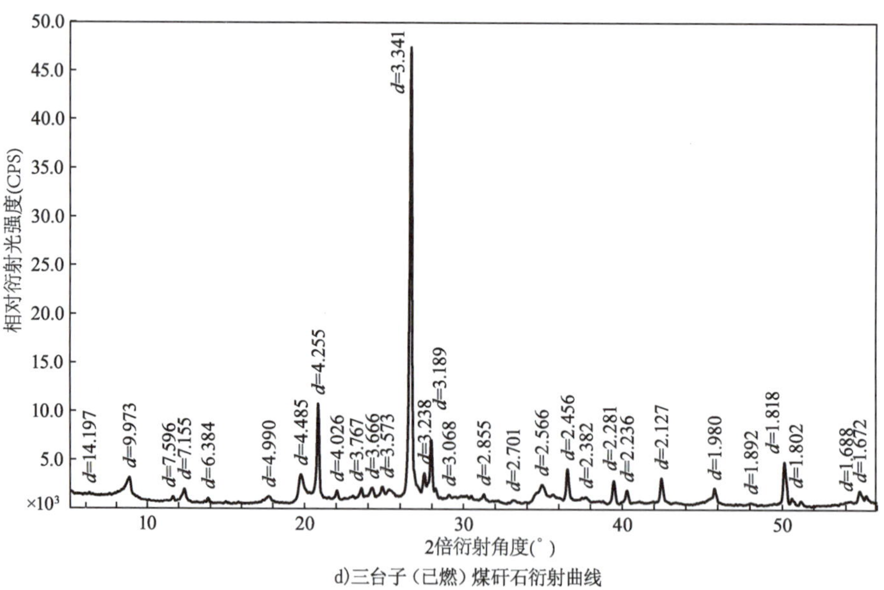

d)三台子（已燃）煤矸石衍射曲线

图 3.1　部分煤矸石材料 X 射线衍射曲线

黑龙江省煤矸石矿物组成试验结果（%）　表 3.3

煤矸石产地	石英	微斜长石	斜长石	正长石	方解石	绿泥石	伊利石	凹凸棒石	高岭石	碳酸盐	赤铁矿
白龙湖（未燃）	34	—	39	—	—	5	7	7	—	—	3
黑龙湖（未燃）	35	—	38	—	—	6	7	11	—	—	—
新兴（已燃）	37	—	51	—	—	—	—	—	—	—	8
七台河（未燃）	32	—	31	12	—	5	5	7	5	2	—
四方台（已燃）	33	—	27	24	—	—	4	—	—	3	7
四方台（未燃）	30	—	26	18	—	4	9	—	8	3	—
恒山（已燃）	64	—	22	—	—	—	6	—	—	—	6
恒山（未燃）	42	—	28	—	—	4	—	—	4	—	—
双阳（已燃）	60	20	9	—	—	—	6	—	—	3	—
双阳（未燃）	50	12	18	—	5	—	5	—	8	—	—
峻德（未燃）	33	—	16	30	—	8	7	—	—	4	—
滴道（未燃）	59	—	26	—	5	—	8	—	—	—	—
依兰（已燃）	60	—	8	—	7	—	—	—	—	—	12
富力（已燃）	59	—	28	—	—	—	6	—	—	—	—

辽宁省、内蒙古自治区煤矸石矿物组成试验结果（%）　表 3.4

煤矸石产地	石英	方解石	伊蒙混层	白云石	伊利石	蒙脱石	斜长石	赤铁矿	高岭石	钾长石	非晶相
邱皮沟（已燃）	23	12	6	8	—	—	15	4	—	—	30
邱皮沟（未燃）	7	9	—	74	—	—	—	1	4	2	—
红阳（已燃）	41	—	16	—	—	—	—	7	7	—	25
红阳（未燃）	37	9	—	4	7	4	10	3	10	4	10
三台子（已燃）	52	—	—	—	7	4	9	2	4	4	15
蒲河（未燃）	17	—	—	—	3	40	—	—	22	5	—
抚顺西（已燃）	38	—	—	—	3	—	12	5	4	4	30
林盛（已燃）	40	—	—	4	6	—	6	5	7	6	20
林盛（未燃）	52	3	—	5	6	—	5	4	7	5	10
大明（已燃）	44	—	—	—	6	—	14	3	—	—	25
大明（未燃）	45	2	12	1	2	—	7	—	11	8	10
三家子（未燃）	81	4	—	6	2	—	—	2	3	1	—
古山（已燃）	43	—	—	—	4		6	8	4	7	25
古山（未燃）	49	2	—	—	9	—	—	3	13	7	10
红菱（未燃）	45	3	—	3	10	—	8	2	10	—	10
三道营顶（未燃）	52	—	—	—	5	—	7	—	6	12	10
三道营坑（未燃）	59	3	—	—	4	—	13	—	—	10	—
五家（已燃）	37	—	—	—	4	—	4	4	—	9	40
黄花山（未燃）	54	5	7	—	—	—	16	2	4	—	10

吉林省煤矸石矿物组成试验结果(%)　　表3.5

煤矸石产地	石英	伊蒙混层	伊利石	绿泥石	高岭石	蒙脱石	长石	正长石	斜长石	方解石	赤铁矿
蛟河(已燃)	26	—	3	—	22	12	—	18	15	—	—
蛟河(未燃)	21	—	8	—	—	12	—	20		—	3
道清(未燃)	25	—	14	7	38	5	3	—	—	—	2
珲春(未燃)	20	—	8	8	15	25	18	—	—	3	—
九台(已燃)	30	—	7	—	16	18	—	11	13	3	—
辽源(已燃)	41	—	5	—	23	20	—	—	—	8	—
湾沟(已燃)	30	38	—	—	—	—	18	—	—	5	4
刘房子(未燃)	21	—	5	—	14	28	—	12	11	4	—

试验结果分析：

①不同产地煤矸石材料的矿物组成差异较大，但是煤矸石材料的主要矿物组成以石英、方解石、长石、高岭石、绿泥石、伊利石、蒙脱石等为主。

②部分煤矸石材料含有高膨胀性的蒙脱石黏土矿物，该矿物由颗粒极细的含水铝硅酸盐构成，吸收水分后发生膨胀并超过原体积的几倍，导致煤矸石遇水后容易出现较大的膨胀或者崩解，水稳定性不好。室内试验时发现，珲春和刘房子的煤矸石遇水1h后就发生了明显的崩解和膨胀，直至最后由坚硬的岩石完全变成泥状物，这一现象与其矿物组成中含有较多的蒙脱石相吻合，如图3.2所示。

a)刘房子煤矸石饱水前

b)刘房子煤矸石饱水后

c)珲春煤矸石饱水前

d)珲春煤矸石饱水后

图3.2　出现崩解膨胀的煤矸石

③吉林省九台、辽源、湾沟三地的煤矸石中同样含有较多的蒙脱石，却没有出现遇水崩解的现象，其主要原因是这三地所采用的均是已燃煤矸石，表明煤矸石在自燃的过程中经过高温脱去了其中的结构水，性质趋于稳定。从这一点可以反映出，未燃煤矸石的物理化学性质相对不稳定，如果含有一定数量的蒙脱石等遇水膨胀或崩解的矿物成分，则存在着较大的隐患，应用时必须谨慎。

3.2　煤矸石材料物理性质

3.2.1　粒度组成

粒度组成是影响材料压密性的重要因素，煤矸石材料的可压密程度与粒度分布的级配状况密切相关，具体表现为可压密度与矸石粒度分布特征参数 C_u（不均匀系数）和 C_c（曲率系数）之间在量值上的强关联性。煤矸石的天然级配情况比较复杂，对煤矸石的级配情况进行分析有利于研究煤矸石的压实性和压实效果。依据《公路工程集料试验规程》（JTG E42—2005）对吉林省几种煤矸石材料进行筛分，级配曲线见图 3.3。

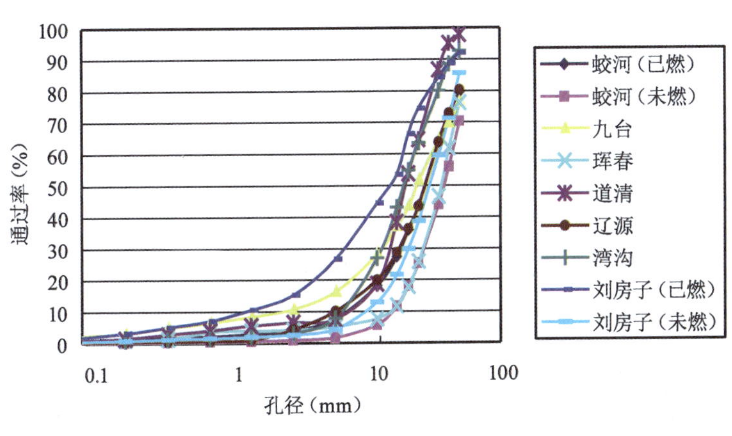

图 3.3　煤矸石级配曲线

由于含煤地层条件和风化程度不同，这几种煤矸石材料在粒度分布上存在一定的差异，体现了煤矸石的级配缺陷，比较真实地反映了煤矸石粒度组成特征：

①煤矸石材料的均匀性都较差，相对而言，粗大颗粒含量过高而细小颗粒含量过低。粒径大于 5mm 的颗粒含量普遍在 70% 以上，有的甚至超过 80%；而粒径小于 0.1mm 的颗粒累积含量大都在 5% 以下，粒度分布极不均匀。根据筛分结果，计算煤矸石的不均匀系数 C_u 和曲率系数 C_c，除九台煤矸石和刘房子已燃煤矸石外，其他煤矸石的不均匀系数都小于 5，级配情况不理想。煤矸石级配评价如表 3.6 所示。

煤矸石级配评价表　　表 3.6

矿区	d_{10}（%）	d_{30}（%）	d_{60}（%）	C_u	C_c	级配评判
蛟河（已燃）	5.87	14.16	25.47	4.34	1.34	不良
蛟河（未燃）	11.99	21.18	32.80	2.74	1.14	不良

续上表

矿区	d_{10}（%）	d_{30}（%）	d_{60}（%）	C_u	C_c	级配评判
珲春（未燃）	11.38	20.85	31.96	2.81	1.20	不良
道清（未燃）	4.90	11.17	18.36	3.75	1.39	不良
辽源（已燃）	5.37	13.61	25.50	4.75	1.36	不良
湾沟（已燃）	3.98	10.01	18.59	4.67	1.35	不良
九台（已燃）	2.35	10.06	24.43	10.40	1.76	良好
刘房子（未燃）	7.90	16.41	27.14	3.44	1.26	不良
刘房子（已燃）	1.11	5.71	14.66	13.17	2.00	良好

②从现场取料情况来看，由于煤矸石山大部分采用的是倾斜式堆填方法，不同位置煤矸石的天然级配差别较大。具体说来，矸石山表面的煤矸石颗粒偏粗，越向内部，细颗粒越多；矸山上部细料较多，下部粗料较多。

3.2.2 液塑限

参照《公路土工试验规程》（JTG E40—2007）中液限和塑限联合测定法（图3.4）对寒冷地区代表性煤矸石进行液塑限试验，了解煤矸石材料的水理性质。试验结果如图3.5和图3.6所示。

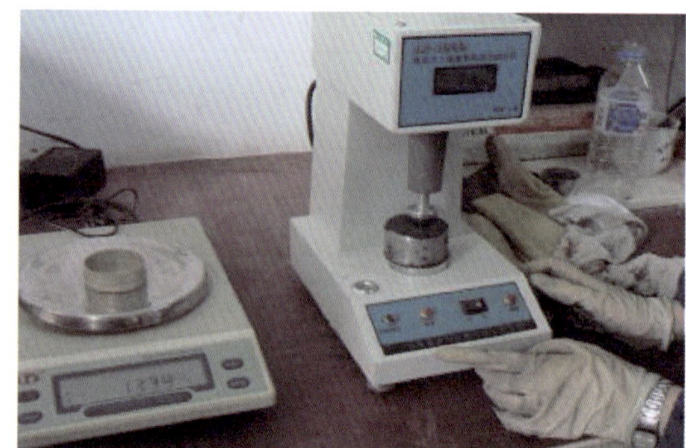

图3.4 煤矸石液塑限试验

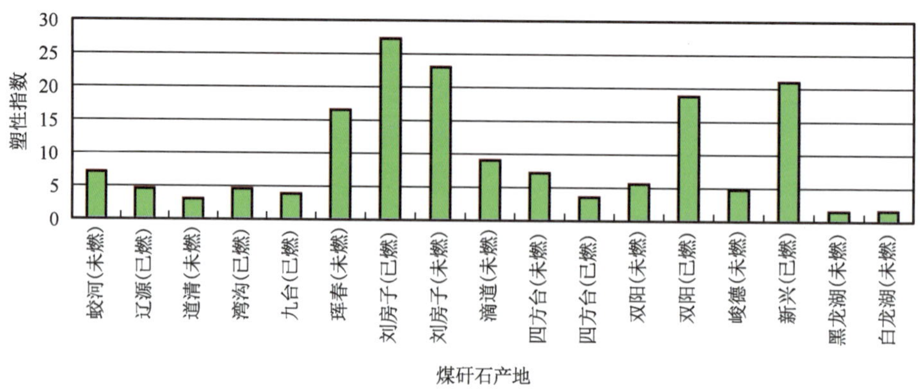

图3.5 吉林省、黑龙江省煤矸石塑性指数

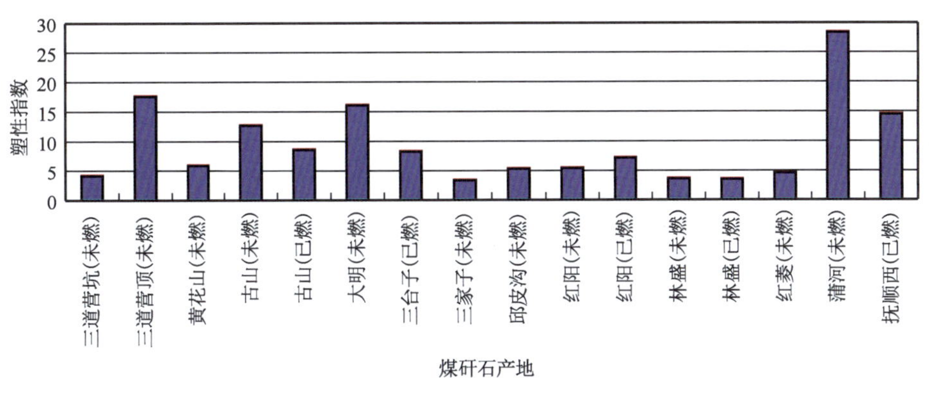

图3.6 辽宁省、内蒙古自治区煤矸石塑性指数

试验结果分析：

①大部分煤矸石材料的液限较低而塑限较高，塑性指数小于10，属低塑性指数，说明煤矸石材料具有类似低液限砂土或者亚砂土的塑性，是良好的道路建筑材料。

②黏土矿物中蒙脱石是液塑限变化范围最大的组分，液限高达140%～170%，塑限为50%～100%。如果煤矸石中蒙脱石和伊利石的含量偏大，就会导致其塑性指数偏大。结合煤矸石材料的矿物成分试验结果，塑性指数较大的煤矸石中含有大量的蒙脱石和伊利石，水稳定性较差，因此塑性指数可以间接反映煤矸石材料的矿物组成情况。

由于液塑限试验是用来评价细粒土性质的，用来评价煤矸石材料不一定能真实反映其性质。因此，选取大块煤矸石经破碎、磨细方法处理，测定磨细后煤矸石的塑性指数，并与煤矸石山即有细料的塑性指数进行对比，结果见表3.7。

煤矸石细料塑性指数与粗料磨细塑性指数对比 表3.7

煤矸石产地	塑性指数 I_p		煤矸石产地	塑性指数 I_p	
	细料	粗料磨细		细料	粗料磨细
道清(未燃)	3.0	2.0	刘房子(未燃)	23.0	19.9
辽源(已燃)	4.5	4.0	双阳(已燃)	18.8	17.0
蛟河(未燃)	7.0	4.0	双阳(未燃)	5.5	2.5
珲春(未燃)	16.5	15.5	滴道(未燃)	9.0	6.0
刘房子(已燃)	27.2	17.0			

试验结果表明，塑性指数小于10的煤矸石经磨细后的塑性指数也在10以下，相差不大；塑性指数大于10的煤矸石与经磨细后的塑性指数差别相对较大，但不影响土类划分结果。因此，用煤矸石细料的塑性指数能够反映整体煤矸石材料的塑性指数。

3.2.3 吸水率

为了解煤矸石材料的吸水性能，依照《公路工程集料试验规程》(JTG E42—2005)中的粗集料吸水率试验对东北寒冷地区代表性煤矸石材料的吸水率进行了试验，结果见表 3.8。

煤矸石吸水率试验结果　　表 3.8

煤矸石产地	粗集料吸水率(%)	煤矸石产地	粗集料吸水率(%)	煤矸石产地	粗集料吸水率(%)
蛟河(已燃)	13.2	辽源(已燃)	8.5	刘房子(已燃)	12.9
蛟河(未燃)	3.7	道清(未燃)	1.0	刘房子(未燃)	8.6
湾沟(已燃)	2.3	四方台(未燃)	5.6	双阳(未燃)	3.8
九台(已燃)	8.6	四方台(已燃)	7.3	双阳(已燃)	8.7
黑龙湖(未燃)	3.7	滴道(未燃)	3.0	七台河(未燃)	3.5
白龙湖(未燃)	2.1	峻德(未燃)	3.4	新兴(已燃)	6.3
富力(未燃)	1.2	恒山(未燃)	3.9	依兰(已燃)	11.8
富力(已燃)	7.1	恒山(已燃)	7.1	大明(已燃)	12.1
邱皮沟(未燃)	1.4	三家子(未燃)	1.7	林盛(未燃)	4.5
邱皮沟(已燃)	8.7	三台子(已燃)	8.7	林盛(已燃)	4.1
红阳(未燃)	2.7	红菱(未燃)	3.4	古山(未燃)	9.7
红阳(已燃)	8.7	抚顺西(已燃)	14.3	古山(已燃)	16.5
黄花山(未燃)	2.3	五家(已燃)	18.5		

试验结果分析：

①从试验结果来看，除了部分煤矸石材料因为含有较多的蒙脱石等水不稳定成分，导致泡水后出现软化成泥，无法测定吸水率外，大部分煤矸石材料均可正常测定吸水率，其值大多都在 10% 以下。

②已燃煤矸石的吸水率要大于未燃煤矸石，这是因为煤矸石含有可燃的炭物质，在自燃的过程中经过高温煅烧，产生了较多的孔隙，且孔隙结构复杂，使得煤矸石的比表面积大幅度增加，吸水能力增强。

3.2.4 膨胀性

煤矸石中不同程度地含有膨胀性物质，膨胀性较大的煤矸石在雨季或者冰雪融化等地面湿度较大的时候，极易因浸水而引起大的变形，影响道路的正常使用。为分析煤矸石材料的膨胀性，便于对其水稳定性作出正确的评价，参照《公路土工试验规程》(JTG E40—2007)中自由膨胀率试验的方法对寒冷地区煤矸石材料的膨胀性进行了试验(图 3.7)，试验结果见表 3.9。

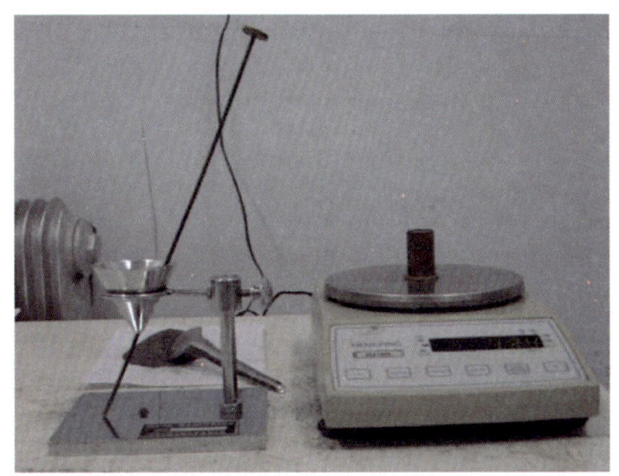

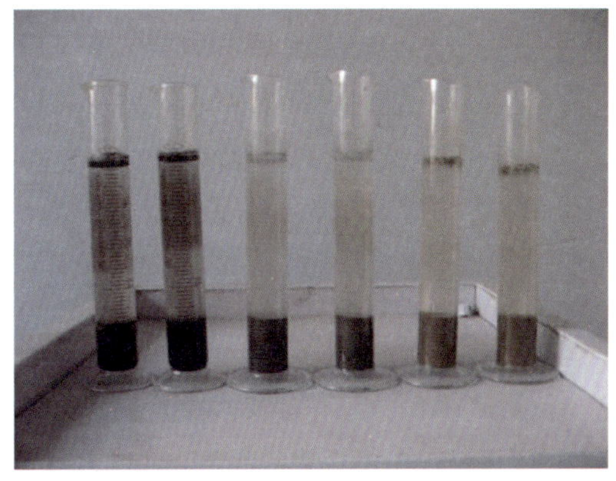

图 3.7　自由膨胀率试验

煤矸石自由膨胀率试验结果　　表 3.9

煤矸石产地	自由膨胀率（%）	煤矸石产地	自由膨胀率（%）	煤矸石产地	自由膨胀率（%）
蛟河(已燃)	10	辽源(已燃)	10	刘房子(已燃)	29
蛟河(未燃)	11	道清(未燃)	15	刘房子(未燃)	28
湾沟(已燃)	10	九台(已燃)	13	珲春(未燃)	14
富力(未燃)	17	四方台(未燃)	17	双阳(未燃)	11
富力(已燃)	11	四方台(已燃)	5	双阳(已燃)	8
黑龙湖(未燃)	20	滴道(未燃)	7	七台河(未燃)	12
白龙湖(未燃)	19	峻德(未燃)	3	新兴(已燃)	16
抚顺西(已燃)	11	五家(已燃)	10	依兰(已燃)	9
邱皮沟(未燃)	11	恒山(未燃)	17	大明(未燃)	43
邱皮沟(已燃)	3	恒山(已燃)	11	大明(已燃)	13
红阳(未燃)	18	三家子(未燃)	7	林盛(未燃)	36
红阳(已燃)	7	三台子(已燃)	36	林盛(已燃)	9
古山(未燃)	31	红菱(未燃)	12	黄花山(未燃)	11
古山(已燃)	14	三道营顶(未燃)	32	三道营坑(未燃)	22

试验结果分析：

①东北寒冷地区大部分煤矸石材料都存在弱膨胀性，但可以作为填筑路基和半刚性基层材料使用，在使用时要加强试验检测分析。

②与同一产地的未燃煤矸石相比，已燃煤矸石膨胀率要偏小。已燃煤矸石在自燃过程中，煤矸石中的蒙脱石等成分经过了高温脱去结构水，膨胀性大大减小；另外，试验中所用的试样都是矸石山表面的煤矸石，在长期露天堆积的过程中，已燃煤矸石与水、氧气等充分作用，在使用时崩解膨胀等已进行的较为彻底，稳定性得到提高。

③结合前面的矿物组分和液塑限试验，出现较大膨胀的都是含有大量蒙脱石等高膨胀性成分和塑性指数较高的煤矸石，这也再次验证了塑性指数可以在实际工程应用中作为评价煤

矸石材料水稳性的指标。

3.2.5 热值

煤矸石的热值是指 1kg 煤矸石材料完全燃烧释放出的热量。煤矸石是在采煤过程中被清理出来的，其表面及内部含有一定数量煤的成分，因此，煤矸石材料也具有热值。为了合理利用煤矸石，我国煤炭工业和建材部门按热值划分了煤矸石的用途，如表 3.10 所示。

煤矸石的用途分类（按热值） 表 3.10

q(kcal/kg)	合 理 用 途	说 明
0 ~ 500	回填、修路、造地、制骨料	制骨料（以砂岩类未燃煤矸石为宜）
500 ~ 1 000	烧煤矸石砖	CaO 含量低于 5%
1 000 ~ 1 500	烧石灰	渣可作混合材、骨料
1 500 ~ 2 000	烧混合材、制骨料、代土壤节煤烧水泥	用于小型沸腾炉供热、产气
2 000 ~ 2 500	烧混合材、制骨料、代煤节土烧水泥	用于大型沸腾炉供热发电

为保证公路行业应用煤矸石筑路的工程质量，借鉴煤炭工业和建材部门对煤矸石按热值的用途分类，选取了代表性的已燃和未燃煤矸石材料在吉林东北煤炭工业环保研究有限公司进行了煤矸石热值试验。为了对比同一产地煤矸石取样差异对热值的影响，又选择部分产地块状和面状煤矸石分别测定了热值，结果见表 3.11。

煤矸石热值试验结果 表 3.11

煤矸石产地	空气干燥基水分（%）	干燥无灰基挥发分（%）	焦渣特征 CRC	收到基低位发热量（kcal/kg）
邱皮沟（已燃面）	0.54	84.06	2	不燃烧
邱皮沟（已燃块）	0.27	67.13	2	不燃烧
红菱（未燃面）	1.11	45.82	2	1 047
红菱（未燃块）	1.10	43.84	2	1 026
黄花山（未燃面）	1.27	63.86	3	12
黄花山（未燃块）	1.02	79.67	3	不燃烧
红阳（未燃块）	1.44	80.69	2	184
红阳（未燃面）	1.09	44.63	2	1 076
三道营顶（未燃块）	3.68	65.31	2	639
三道营坑（已燃面）	0.59	4.05	3	不燃烧
林盛（已燃块）	1.12	8.22	3	不燃烧
林盛（未燃块）	0.96	85.78	2	69
林盛（未燃面）	0.92	72.74	2	392
大明一矿（未燃块）	2.20	66.07	2	337
蒲河（未燃块）	4.79	86.90	2	375
神华（未燃块）	0.96	61.31	2	823
蛟河（未燃面）	2.04	61.66	2	670

续上表

煤矸石产地	空气干燥基水分（%）	干燥无灰基挥发分（%）	焦渣特征CRC	收到基低位发热量（kcal/kg）
道清（未燃面）	0.81	93.76	2	不燃烧
九台（已燃面）	0.65	3.06	3	不燃烧
阿尔巴斯（未燃块）	0.94	57.36	2	1 007
古山（未燃块）	1.29	99.51	2	10
三家子（未燃面）	0.80	78.41	2	172
三台子（已燃块）	0.35	97.9	3	不燃烧

试验结果分析：

①不同产地煤矸石材料的热值结果差别较大，总体看已燃煤矸石均不燃烧，没有热值，而未燃煤矸石的热值差别较大。

②大部分煤矸石材料的热值均在500kcal/kg以下，根据煤炭工业和建材部门按热值划分的煤矸石用途，可以用于回填、修路、造地等；热值高于1 000kcal/kg的煤矸石材料占的比例较小。

③煤矸石分级应考虑煤矸石热值试验结果，但热值试验非公路工程常规试验方法，具体应用时应参考煤炭部门提供的数据，有条件时委托进行煤矸石热值试验。结合煤矸石热值试验结果及路用分级指标，综合确定了不同热值煤矸石的应用条件。

3.3　煤矸石材料力学性能

承载比（CBR）和压碎值均可以反映材料的力学性能，通过对寒冷地区部分代表性煤矸石材料进行承载比试验和压碎值试验，分析其力学性能。

3.3.1　承载比试验

参照《公路土工试验规程》（JTG E40—2007）中承载比（CBR）试验要求在室内成型试件进行承载比试验（图3.8）。

图3.8　CBR试件饱水及贯入试验

试验中主要考查的是不同粗集料含量 P 和不同最大粒径 d_{max} 对煤矸石材料 CBR 值的影响。根据煤矸石材料的击实试验结果，选取最大粒径 d_{max} 分别为 37.5mm 和 19mm 的煤矸石材料。最大粒径为 37.5mm 的煤矸石材料考查粗集料含量 $P=60\%$、70%、80% 和 90% 的承载比，最大粒径为 19mm 的煤矸石材料考查粗集料含量 $P=70\%$ 的承载比。

选取代表性的煤矸石材料进行了 CBR 试验，试验结果见图 3.9、图 3.10 和图 3.11。

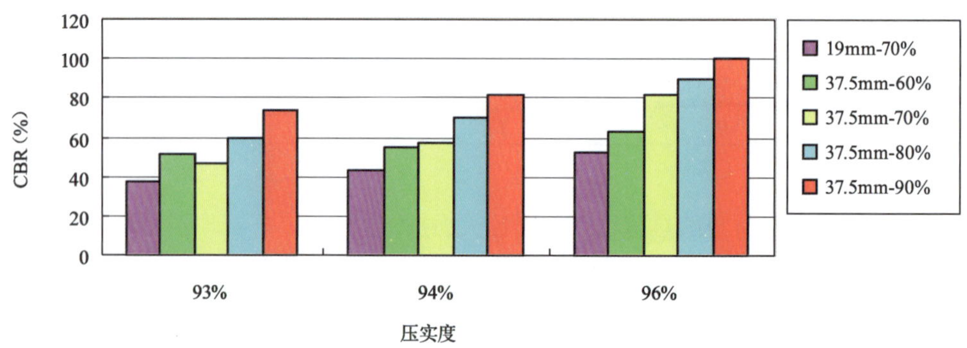

图 3.9　辽源煤矸石 CBR 试验结果

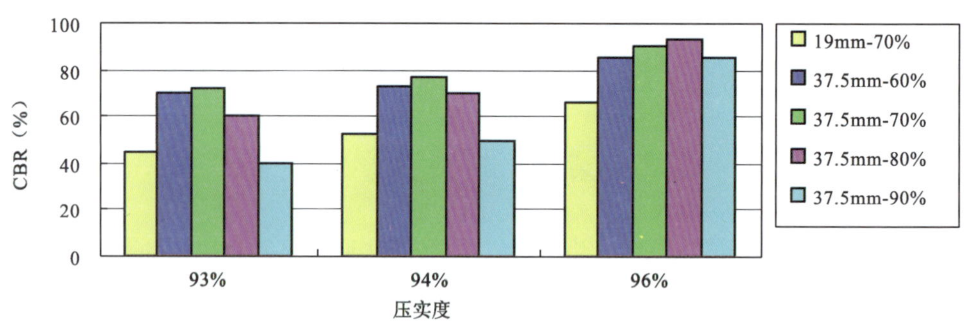

图 3.10　道清煤矸石 CBR 试验结果

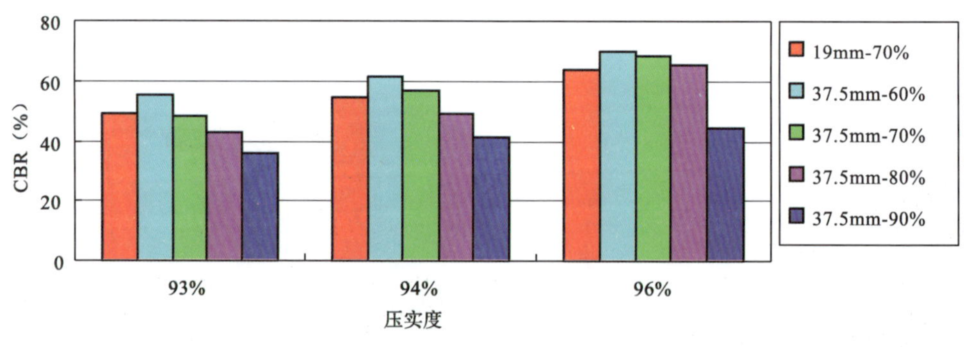

图 3.11　湾沟煤矸石 CBR 试验结果

试验结果分析：

①《公路路基施工技术规范》中高速公路和一级公路对路基填料的要求是 CBR 值不得小

于8%。试验中采用的三种煤矸石材料的级配情况均较差，其CBR值较大，且随着压实度的提高而增大，均能够满足路基规范对填料的强度要求。因此，用煤矸石材料填筑路基的承载力完全能够满足各等级公路对路基填料强度的要求。

②在压实度相同、最大粒径相同条件下，辽源煤矸石的CBR值随粗集料含量的增加而增大。其原因是辽源煤矸石的压碎值为32.6%，强度较低，在击实成型时部分粗集料被击碎改善了煤矸石材料的级配，粗集料含量越多，被击碎的粗集料也越多，有利于级配的改善，因此辽源煤矸石的CBR值随粗集料含量增加而增大。

③在压实度相同、最大粒径相同条件下，道清和湾沟煤矸石的CBR值随着粗集料含量的增加而降低。两种煤矸石材料的压碎值分别为21.3%和26.5%，强度较大，击实成型时不易被击碎，因此，道清和湾沟煤矸石的CBR值随粗集料含量增加而降低。

④在粗集料含量相同、最大粒径不同条件下，煤矸石材料的CBR值随最大粒径的增大而有所提高；随着压实度的提高，CBR的提高幅度有增加的趋势。

3.3.2　压碎值

压碎值用于衡量石料在逐级增加的外部荷载作用下抵抗压碎的能力，是衡量石料力学性质的重要指标之一，可以评价公路路面基层及沥青面层的粗集料品质。如果要在道路工程中应用煤矸石材料，必须对其进行压碎值的试验研究（图3.12）。

图3.12　煤矸石试样及压力机加载

对东北寒冷地区代表性煤矸石样品进行压碎值试验，结果如表3.12、图3.13～图3.15所示。

不同产地煤矸石压碎值试验结果　　表3.12

煤矸石产地	压碎值（%）	煤矸石产地	压碎值（%）	煤矸石产地	压碎值（%）
蛟河（已燃）	44.4	辽源（已燃）	32.6	刘房子（已燃）	38.3
蛟河（未燃）	37.7	道清（未燃）	21.3	刘房子（未燃）	33.1
湾沟（已燃）	26.5	九台（已燃）	39.4	珲春（未燃）	28.7
黑龙湖（未燃）	29.8	四方台（未燃）	34.3	双阳（未燃）	33.1

续上表

煤矸石 产地	压碎值 （%）	煤矸石 产地	压碎值 （%）	煤矸石 产地	压碎值 （%）
白龙湖（未燃）	26.2	四方台（已燃）	38.8	双阳（已燃）	40.3
富力（已燃）	36.9	滴道（未燃）	33.3	七台河（未燃）	26.9
红菱（未燃）	31.2	峻德（未燃）	32.4	新兴（已燃）	29.4
抚顺西（已燃）	43.9	五家（已燃）	35.5	蒲河（未燃）	38.4
邱皮沟（未燃）	19.3	恒山（未燃）	27.9	大明（未燃）	33.6
邱皮沟（已燃）	31.5	恒山（已燃）	31.8	大明（已燃）	37.9
红阳（未燃）	27.9	古山（未燃）	33.6	林盛（未燃）	27.9
红阳（已燃）	33.4	古山（已燃）	33.0	林盛（已燃）	32.5
三家子（未燃）	21.3	三台子（已燃）	30.6	黄花山（未燃）	29.0

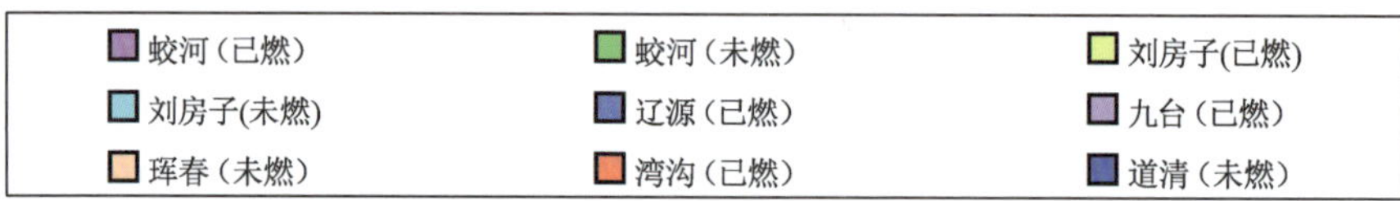

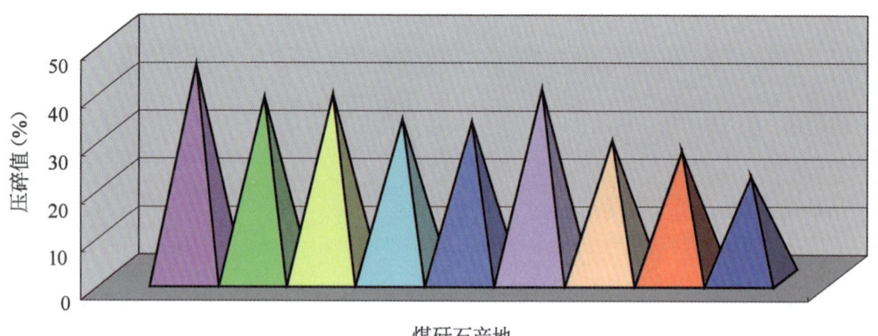

图3.13　吉林省煤矸石压碎值

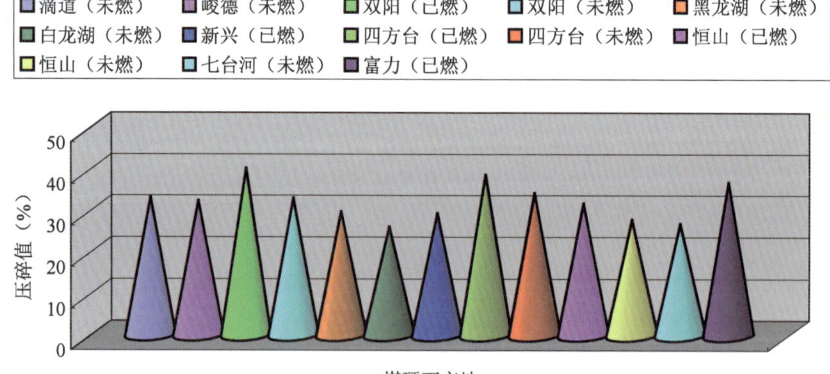

图3.14　黑龙江煤矸石压碎值

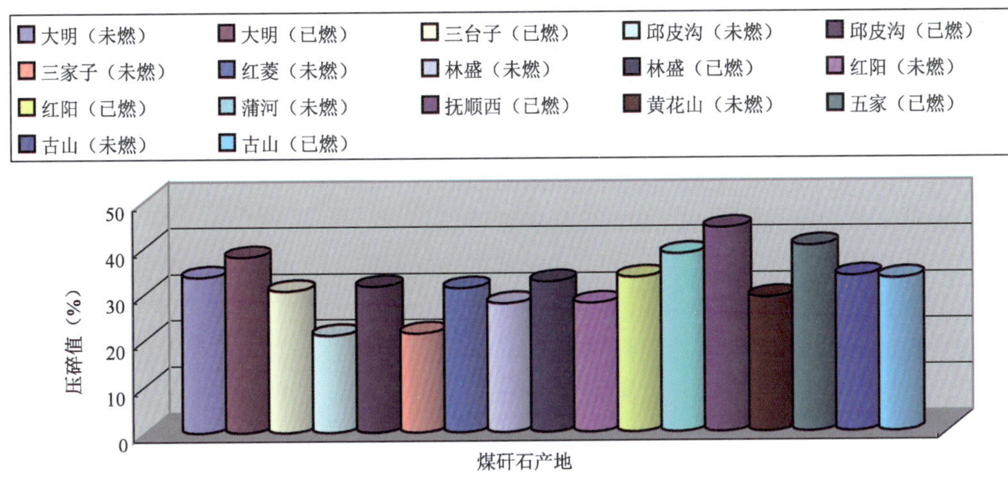

图 3.15　辽宁省和内蒙古自治区煤矸石压碎值

试验结果分析：

①煤矸石的压碎值普遍偏高，其原因除了煤矸石成岩矿物的影响外，更多的是由煤矸石自身的特点决定的。未燃煤矸石（尤其是新出产的煤矸石）中不同程度地含软岩石、残留煤、有机质、有机硫等相对松软的物质，可以轻易破碎，有的甚至可以直接用手捏碎，因此压碎值比较大。

②已燃煤矸石的强度普遍小于未燃煤矸石。煤矸石经过燃烧后，由于煤及有机质的“灰化”、硫分的分解或氧化影响了煤矸石的密度和结构状态，导致煤矸石强度下降。

③规范规定一级公路和高速公路集料压碎值不得超过 30%，二级及二级以下公路集料压碎值不得超过 35%。因此，道清、珲春和湾沟三种煤矸石的强度能够满足高等级公路的要求，可以用于高速公路和一级公路；辽源和刘房子（已燃）两种煤矸石的强度能够满足较低等级公路的要求，可用于二级及以下等级公路。

④作为道路基层材料，煤矸石除了具有一般石料的强度性能外，其本身还具有一定的活性，可以与石灰、粉煤灰等无机结合料发生火山灰反应，为道路基层提供一定的强度。因此，压碎值超过 35% 的煤矸石并不一定就不能用作道路材料，只要做好结构设计，控制交通荷载等，此类煤矸石同样有可能用于道路基层。

3.4　煤矸石材料活性

煤矸石材料的活性又称火山灰活性，指其中 SiO_2、Al_2O_3 等可溶性组分在常温下加水能与水泥、石灰、粉煤灰等材料发生反应生成具有胶凝性水化产物的性质。煤矸石材料活性的大小决定于其中可溶性的 SiO_2、Al_2O_3 含量及玻璃体解聚能力。

无机非金属材料化学反应活性的高低主要取决于结构稳定性。一般而言，微观结构缺陷多、晶体的晶格畸变多和呈无定形状态的材料，其化学反应活性高。提高煤矸石活性的途径主要有机械活化、化学活化、热活化、微波辐照活化和复合活化等方法。

3.4.1 活性评价方法

评价材料火山灰性质的试验方法大致可以分为化学的和物理的两大类。

石灰吸收法是测定火山灰质材料从 $Ca(OH)_2$ 中吸收石灰的程度,作为衡量火山灰质材料活性的高低。该方法在理论上是合理的,在区别活性材料和惰性材料方面也有一定效果,但却不能充分地评定火山灰材料在水泥中的实际使用价值。

火山灰活性试验法将硅酸盐水泥和火山灰质混合材料按 7∶3 的质量比混合,取 20% 混合试样倒入装有 100ml 蒸馏水的塑料瓶中,在(40 ± 1)℃的条件下养护 8d 或 15d 后,取出塑料瓶迅速过滤,待滤液冷却后滴定滤液中 CaO 与 OH^- 的数量。以总碱度为横坐标,以氧化钙含量为纵坐标,将试验结果画在火山灰活性图上,当试验点落在火山灰活性图中氧化钙溶解度曲线下方时,则材料具有火山灰活性。该方法比石灰吸收法灵敏,结果比较稳定可靠,与强度具有较好的相关性。

强度法是在硅酸盐水泥中掺加 30% 火山灰质混合料后的 28d 抗压强度同该硅酸盐水泥 28d 抗压强度进行比较,定量确定活性高低。硬化体的强度是反映该硬化体结构的一个综合性指标。因此,强度试验法能综合反映火山灰材料在水泥基材料中的作用。

3.4.2 煤矸石活性试验

与普通碎石材料不同的是煤矸石材料含有一定的活性成分,可以与无机稳定材料发生火山灰反应,从而提供更大的强度。本试验采用力学强度法,其指导思想是煤矸石与稳定剂相互作用后所表现出的强度性质与活性大小紧密相关,通常活性高的煤矸石在反应过程中参与作用的有效成分就多,反应后生成的胶结料也就多,从而表现出的强度值势必就高。

仿照《公路工程水泥及水泥混凝土试验规程》(JTG E30—2005)水泥胶砂强度检验方法,以煤矸石代替标准砂与水泥制成统一规格的试件,经标准条件养护 3d 后,测定其抗折强度和抗压强度,以反映煤矸石材料的活性。由于煤矸石的天然级配差异较大,直接采用会增大试验结果的偏差,因此试验中将 4.75mm 以下的煤矸石材料逐级筛分,再回配成统一级配,不同粒径煤矸石的用量如表 3.13 所示。

活性试验煤矸石材料级配　　表 3.13

筛孔(mm)	4.75 ~ 2.36	2.36 ~ 1.18	1.18 ~ 0.60	0.60 ~ 0.30	0.30 ~ 0.15	0.15 ~ 0.075	<0.075
质量(g)	150	180	390	390	240	90	60

由于水泥强度等级和水灰比对水泥胶砂试件的强度影响较大,进行活性试验时必须保证采用相同强度等级的水泥和相同的水灰比才可以反映出煤矸石材料的活性。试验中采用强度等级为 42.5 的普通硅酸盐水泥,其水泥胶砂试件 3d 抗折强度为 4.18MPa,3d 抗压强度为 21.46MPa。由于不同煤矸石材料具有不同的孔隙结构,导致其具有不同的吸水率,直接影响试验中的加水量,从而影响水灰比,因此,需要首先确定不同煤矸石材料的吸水率,试验所用煤矸石粒径为 4.75mm 以下,采用《公路工程集料试验规程》(JTG E42—2005)中细集料吸水率试验对不同产地煤矸石进行吸水率试验(图 3.16),试验结果如表 3.14 所示。

图 3.16 煤矸石细料吸水率试验

在确定不同煤矸石的吸水率后，采用0.6的水灰比计算每种煤矸石活性试验的用水量，成型小梁试件（图3.17），在标准养生3d后进行抗折强度和抗压强度试验（图3.18），结果见表3.14。

煤矸石材料活性试验结果 表3.14

煤矸石产地	吸水率（%）	抗折强度（MPa）	抗压强度（MPa）	煤矸石产地	吸水率（%）	抗折强度（MPa）	抗压强度（MPa）
蛟河（未燃）	5.5	1.53	6.77	蛟河（已燃）	15.5	1.98	8.85
湾沟（已燃）	3.9	2.92	13.08	九台（已燃）	9.9	2.03	9.15
道清（未燃）	1.4	3.25	14.69	辽源（已燃）	10.5	2.38	10.08
黑龙湖（未燃）	4.9	2.28	11.08	白龙湖（未燃）	4.8	2.55	11.54
四方台（未燃）	4.9	2.01	10.31	四方台（已燃）	9.7	2.36	10.77
滴道（未燃）	5.3	2.38	11.54	富力（已燃）	7.7	2.45	11.08
七台河（未燃）	5.4	2.29	11.54	新兴（已燃）	7.3	2.57	11.69
双阳（未燃）	5.1	2.27	11.85	双阳（已燃）	6.4	2.84	12.92
峻德（未燃）	6.4	2.12	10.08	恒山（已燃）	8.7	2.62	12.00
邱皮沟（未燃）	5.6	2.44	10.85	邱皮沟（已燃）	18.8	1.68	7.69
红阳（未燃）	6.2	1.97	8.77	红阳（已燃）	14.8	2.42	10.92
林盛（未燃）	6.6	2.37	11.23	林盛（已燃）	8.3	1.55	8.00
三家子（未燃）	4.5	2.65	11.54	黄花山（未燃）	8.2	1.71	7.62
古山（已燃）	16.8	1.72	7.77	五家（已燃）	21.9	1.50	6.62
红菱（未燃）	6.3	2.21	11.00	大明（已燃）	13.5	2.25	9.77

试验结果分析：

①不同煤矸石材料的抗折、抗压强度差异较大，含有较多活性成分的煤矸石材料与水泥发生反应产生较多的胶结成分，提高了小梁试件的抗折、抗压强度，因此，通过强度能够反映煤矸石材料的活性情况。

图 3.17　小梁试件的制备与养生

图 3.18　抗折强度与抗压强度试验

②对煤矸石材料的抗折强度和抗压强度试验结果进行了回归分析(图 3.19),其相关系数达到 0.959 1,说明煤矸石材料的抗折强度和抗压强度具有较好的线性相关关系,所以通过其中一个指标就可以反映煤矸石材料的活性。

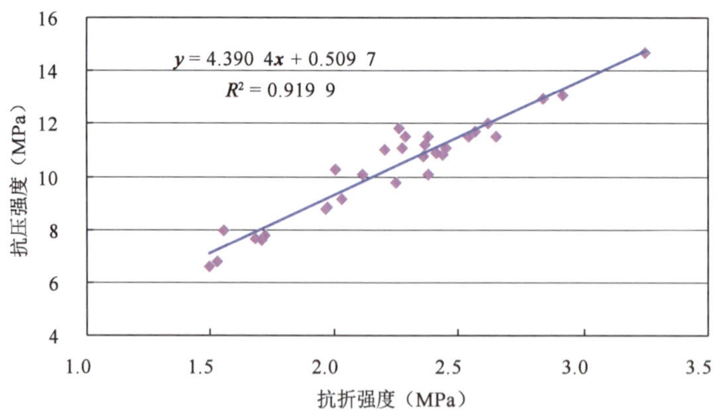

图 3.19　煤矸石抗折强度与抗压强度回归曲线

③在实际应用中采用抗压强度较为方便,因此,用固定水灰比,固定级配的水泥煤矸石材

料的 3d 抗压强度作为活性指标。

④由于不同产地水泥的性质不同，导致相同强度等级水泥的 3d 抗折、抗压强度存在差异，为使煤矸石材料活性指标具有普遍意义，对该指标提出了修正公式。在进行煤矸石材料活性试验前，应对水泥进行标准胶砂试验，确定其 3d 抗压强度 R_{3d}，然后再进行煤矸石材料的活性试验，确定其活性抗压强度 R_A。采用式(3-1)对煤矸石材料活性指标进行修正。修正后的抗压强度 R'_A 用于评价煤矸石材料的活性。

$$R'_A = \frac{21.46}{R_{3d}} \times R_A \tag{3-1}$$

式中：R'_A——修正后的煤矸石材料活性，MPa；

R_A——抗压强度，煤矸石材料活性，MPa；

R_{3d}——非 42.5 普通硅酸盐水泥标准胶砂强度试验 3d 抗压强度，MPa。

3.5 煤矸石材料性质评价

结合煤矸石单质材料的室内试验结果，分析已燃煤矸石和未燃煤矸石在性质上的差异，两类煤矸石材料性质对比如表 3.15 所示。

已燃煤矸石和未燃煤矸石性质对比 表 3.15

煤矸石性质	已燃煤矸石	未燃煤矸石
化学成分(%)	SiO_2:58.9～68.7；Al_2O_3:14.7～20.5；CaO + MgO:1.5～9.1；烧失量:0.6～6.1	SiO_2:56.1～69.8；Al_2O_3:12.8～17.7；CaO + MgO:1.3～8.9；烧失量:5.4～12.8
矿物成分	主要成分为石英，不同产地煤矸石含有蒙脱石、高岭石、长石、正长石等	
塑性指数(%)	3.5～27.2	1.5～28.4
吸水率(%)	2.3～18.5	1.0～9.7
自由膨胀率(%)	5～36	3～43
热值(kcal/kg)	不燃烧	12～1 074
CBR(%)	36～100	40～93
压碎值(%)	26.5～44.4	19.3～38.4
活性(MPa)	6.62～13.08	6.77～14.69

从表 3.15 中可以看出，已燃煤矸石和未燃煤矸石的化学成分均以 SiO_2 和 Al_2O_3 为主，未燃煤矸石的烧失量大于已燃煤矸石；已燃煤矸石和未燃煤矸石的主要矿物成分都是石英，相同产地的已燃煤矸石与未燃煤矸石的矿物成分相差不大；已燃煤矸石具有较多的空隙，其吸水率大于未燃煤矸石；煤矸石材料的膨胀特性与其矿物成分有关，相同产地的已燃煤矸石和未燃煤矸石自由膨胀率较接近；已燃煤矸石均不燃烧，没有热值，未燃煤矸石的热值变化幅度较大，与其产地关系较大；已燃煤矸石和未燃煤矸石的 CBR 值均较大，能满足路基规范对填料 CBR 值的要求；未燃煤矸石的压碎值较已燃煤矸石小，相同产地未燃煤矸石的压碎值比已燃煤矸石小 4～7；煤矸石材料的活性与其化学和矿物成分有关，相同产地已燃煤矸石的活性略高于未燃煤矸石。

第4章　路用煤矸石材料分级标准

煤矸石作为一种再生资源，其应用途径越来越多。不同的应用方式对煤矸石材料岩石类型、矿物、化学组成的要求也有所不同，因此有必要对煤矸石进行分级。分级能对煤矸石的资源化作出恰当的评价，从宏观上研究煤矸石综合利用的可行性和合理性，为煤矸石综合利用和长远发展提供决策性依据，有利于指导探索出高科技含量、高附加值的综合利用新途径。煤矸石材料的性质差异较大，为指导其在公路工程中的应用，按照路用性能的差异对煤矸石材料进行科学合理的分级具有重要的理论和实际意义。

4.1　路用煤矸石分级原则

4.1.1　现行规范对路用材料的指标要求

(1)现行规范对路基填料的指标要求

《公路路基设计规范》(JTG D30—2015)要求路基应具有足够的强度、稳定性和耐久性，并对路基填料提出了指标要求。路基填料的试验项目包括：天然含水率、液限、塑限、重型击实试验、CBR 试验等，必要时应做颗粒分析、相对密度、有机质含量、冻胀和膨胀量等试验。

一般路基填料应优先选用级配较好的砾类土、砂类土等粗粒土作为填料，最大粒径应小于150mm；泥炭、淤泥、冻土、强膨胀土、有机质土及易溶盐超过允许含量的土不得直接用于填筑路基，冰冻地区的路床及浸水部分的路堤不应直接采用粉质土填筑。液限大于50%、塑性指数大于26 的细粒土，含水率不适宜直接压实的细粒土不得直接作为路堤填料。浸水路堤应选用渗水性良好的材料填筑，当采用细砂、粉砂作为填料时，应考虑振动液化的影响。《公路路基施工技术规范》中规定路基填料的 CBR 值必须满足表4.1 中的要求。

路基填料最小强度要求　　表4.1

填料使用部位(路面底面以下深度)		填料最小强度(CBR)(%)		
		高速(一级)公路	二级公路	三、四级公路
路堤	上路床(0~0.3m)	8	6	5
	下路床(0.3~0.8m)	5	4	3
	上路堤(0.8~1.5m)	4	3	3
	下路堤(>1.5m)	3	2	2
零填及挖方路基	(0~0.3m)	8	6	5
	(0.3~0.8m)	5	4	3

根据填石路基石料的饱和抗压强度指标，可以将石料分为硬质岩石、中硬岩石和软质岩石，岩石分类指标如表4.2所示。

岩石分类表 表4.2

岩石类型	单轴饱和抗压强度(MPa)	代表性岩石
硬质岩石	≥60	1. 花岗岩、闪长岩、玄武岩等岩浆岩类； 2. 硅质、铁质胶结的砾岩及砂岩、石灰岩、白云岩等沉积岩类； 3. 片麻岩、石英岩、大理岩、板岩、片岩等变质岩类
中硬岩石	30～60	
软质岩石	5～30	1. 凝灰岩等喷出岩类； 2. 泥砾岩、泥质砂岩、泥质页岩、泥岩等沉积岩类； 3. 云母片岩或千枚岩等变质岩类

不同强度的石料应分别采用不同的填筑厚度和压实控制标准。填石路基的压实质量采用孔隙率作为控制指标，具体要求见表4.3～表4.5。

硬质石料压实质量控制标准 表4.3

分区	路面底面以下深度(m)	摊铺层厚(mm)	最大粒径(mm)	压实干重度(kN/m^3)	孔隙率(%)
上路堤	0.80～1.50	≤400	小于层厚2/3	由试验确定	≤23
下路堤	>1.50	≤600	小于层厚2/3	由试验确定	≤25

中硬石料压实质量控制标准 表4.4

分区	路面底面以下深度(m)	摊铺层厚(mm)	最大粒径(mm)	压实干重度(kN/m^3)	孔隙率(%)
上路堤	0.80～1.50	≤400	小于层厚2/3	由试验确定	≤22
下路堤	>1.50	≤500	小于层厚2/3	由试验确定	≤24

软质石料压实质量控制标准 表4.5

分区	路面底面以下深度(m)	摊铺层厚(mm)	最大粒径(mm)	压实干重度(kN/m^3)	孔隙率(%)
上路堤	0.80～1.50	≤300	小于层厚	由试验确定	≤20
下路堤	>1.50	≤400	小于层厚	由试验确定	≤22

膨胀性岩石、易溶性岩石、崩解性岩石和盐化岩石等均不应用于路堤填筑。填石路基的填料粒径应不大于500mm，并不宜超过层厚的2/3，不均匀系数为15～20。路床底面以下400mm范围内，填料粒径应小于150mm，路床填料粒径应小于100mm。

(2)现行规范对路面基层材料的指标要求

目前在公路工程中常用的基层形式包括：水泥稳定土、石灰稳定土、石灰工业废渣稳定土、级配碎石、级配砾石和填隙碎石等。基层材料和质量对路面的使用性能和使用寿命影响较大，因此，《公路路面基层施工技术细则》(JTG/T F20—2015)对常用基层材料提出了指标要求。

①无机结合料稳定类基层对材料的要求。无机结合料稳定类基层施工前应取代表性土样进行试验，包括：颗粒分析、液限和塑性指数、相对密度、击实试验、压碎值，必要时进行有机质

含量和硫酸盐含量试验。级配碎石、未筛分碎石、砂砾、碎石土、砂砾土和各种粒状矿渣均适宜用水泥或石灰稳定。

无机结合料稳定类基层用作二级及二级以下公路底基层时，单个颗粒的最大粒径不应超过53mm；用作高速公路和一级公路底基层时，单个颗粒的最大粒径不应超过37.5mm。无机结合料稳定类基层用作二级及二级以下公路基层时，单个颗粒的最大粒径不应超过37.5mm，集料中不宜含有塑性指数的土；用作高速公路和一级公路，单个颗粒的最大粒径不应超过31.5mm。

水泥稳定土中材料的不均匀系数应大于5，细粒土的液限不应超过40，塑性指数不超过17，对于中粒土和粗粒土，如土中小于0.6mm的颗粒含量在30%以下，塑性指数可以稍大；塑性指数为15～20的黏性土以及含有一定数量黏性土的中粒土和粗粒土均适宜于用石灰稳定，用石灰稳定无塑性指数的级配砂砾、级配碎石和未筛分碎石时，应添加15%左右的黏性土；石灰工业废渣稳定土宜采用塑性指数12～20的黏性土（亚黏土），有机质含量超过10%的土不宜选用，二灰稳定中粒土和粗粒土不宜含有塑性指数的土。无机结合料稳定土中碎石或砾石压碎值应满足表4.6中的要求。

无机结合料稳定土中碎石或砾石压碎值要求 表4.6

基层类型	结构层	高速公路和一级公路	二级和二级以下公路
水泥稳定土	基层	≤30%	≤35%
	底基层	≤30%	≤40%
石灰稳定土	基层	≤30%	≤35%
	底基层	≤35%	≤40%
石灰工业废渣稳定土	基层	≤30%	≤35%
	底基层	≤35%	≤40%

②级配碎（砾）石基层对材料的要求。级配碎石用作二级和二级以下公路的基层时，最大粒径应控制在37.5mm以内；用作高速公路和一级公路基层及半刚性路面的中间层时，最大粒径宜控制在31.5mm以下。级配砾石可适用于轻交通的二级和二级以下公路的基层以及各级公路的底基层。级配砾石用作基层时，砾石的最大粒径不应超过37.5mm，用作底基层时，砾石的最大粒径不应超过53mm。

碎（砾）石中针片状颗粒的总含量不应超过20%，且不含有黏土块、植物等有害物质。级配碎（砾）石用作公路基层或中间层时，液限应小于28%，塑性指数在潮湿多雨地区应小于6，其他地区宜小于9。在塑性指数偏大的情况下，塑性指数与0.5mm以下细土含量的乘积在年降雨量小于600mm的地区不应大于120，在潮湿多雨地区乘积不应大于100。级配碎（砾）石中石料的压碎值应满足表4.7的要求。

级配碎（砾）石中石料压碎值要求 表4.7

基层类型	结构层	高速公路和一级公路	二级公路	二级以下公路
级配碎石	基层	≤26%	≤30%	≤35%
	底基层	≤30%	≤35%	≤40%
级配砾石	基层	—	≤30%	≤35%
	底基层	≤30%	≤35%	≤40%

4.1.2 路用煤矸石材料分级原则

煤矸石的路用分级对于指导其在公路工程中的应用具有重要作用。按照不同煤矸石的化学成分、矿物成分、塑性指数及压碎值等性质特征,可以将其应用于不同等级公路的路基或路面基层结构中。具体分级原则如下:

①以公路工程常用试验指标反映煤矸石材料特性。

②煤矸石材料主要考查强度和稳定性。

4.2 路用煤矸石分级指标及标准

4.2.1 路用煤矸石分级指标

结合第3章对煤矸石材料性质的试验结果,对路用煤矸石的分级指标进行了研究,在考虑工程实际的基础上,确定了煤矸石材料路用分级的指标。

(1)首要指标——塑性指数

煤矸石材料的塑性指数与矿物成分及自由膨胀率之间具有良好的相关关系,采用塑性指数就可以反映煤矸石矿物成分的性质。塑性指数大于10的煤矸石通常含有较多的蒙脱石、伊利石等水不稳定成分,而且膨胀率都比较大。因此,采用塑性指数指标作为煤矸石用于公路工程的首要条件。

(2)路基填料指标——CBR值

CBR值是反映路基承载能力的最常见指标,因此,采用CBR值作为煤矸石材料用于路基填料时的二级分级指标。

(3)基层材料指标——压碎值和活性

压碎值指标是现行规范对路面基层用料要求的一个重要指标,因此将其作为煤矸石材料分级的指标。考虑到煤矸石材料的压碎值高于普通碎石材料,且煤矸石材料中不同程度地含有SiO_2等活性物质,可与结合料反应生成胶凝材料,提高基层的抗压强度,因此,综合采用压碎值和活性指标作为煤矸石用于路面基层材料时的二级分级依据,其中活性指标为3d抗压强度。

4.2.2 煤矸石路用分级标准

在确定路用煤矸石分级指标的基础上,结合不同等级道路的实际情况,针对路基和路面基层给出了具体的分级标准。分级标准将煤矸石划分为两个等级,一级煤矸石可以应用于高速公路和一级公路以及其他等级的公路,二级煤矸石只能应用于二级及二级以下公路,煤矸石路用分级具体标准如表4.8所示。

煤矸石路用分级标准 表4.8

结构层	指标	一级	二级
路基	塑性指数 I_p	<10	
	CBR(%)	≥45	8~45

续上表

<table>
<tr><th>结构层</th><th>指标</th><th colspan="2">一级</th><th colspan="2">二级</th></tr>
<tr><td rowspan="3">基层</td><td>塑性指数 I_p</td><td colspan="4"><10</td></tr>
<tr><td>压碎值(%)</td><td>≤30</td><td colspan="2">30 ~ 35</td><td>35 ~ 42</td></tr>
<tr><td>活性(MPa)</td><td>—</td><td>≥11.5</td><td><11.5</td><td>>8.5</td></tr>
</table>

说明：

①塑性指数大于10的煤矸石通常含有较多的蒙脱石、伊利石等水不稳定成分，而且膨胀率都比较大。稳定性是影响道路使用寿命的首要条件，煤矸石的塑性指数如果大于10，其水稳定性就无法得到保证，不宜用作道路材料，因此分级标准中要求塑性指数要小于10。对于塑性指数为10～12的煤矸石，应进行详细的单质材料试验，并修筑试验路验证可行性后方可使用，且只能应用于二级及二级以下等级的公路。严禁使用塑性指数大于12的煤矸石材料。

②经过室内试验和查询大量资料，煤矸石路基的CBR值都比较大，94%压实度下普遍大于20%，大于路基施工规范的要求值。为了更好地指导施工，提高煤矸石路基的CBR标准，综合考虑，采用94%压实度下的CBR为45%作为分级界限值。

③规范中，普通碎石用于高速公路和二级公路时的压碎值上限分别是30%和35%，考虑到煤矸石材料中活性成分对抗压强度的提高作用，对于压碎值为30%～35%的煤矸石考虑活性指标，活性大于11.5MPa的煤矸石可以划为一级，小于11.5MPa的煤矸石划为二级；对于压碎值为35%～42%的煤矸石，活性大于8.5MPa可以划归为二级煤矸石，活性小于8.5MPa的煤矸石划为等外；压碎值大于42%的煤矸石划为等外。等外煤矸石不宜用于公路建设。

4.3 东北寒冷地区煤矸石路用分级

由于东北寒冷地区煤炭资源丰富，不同产地煤矸石材料的性质差异较大，因此，在煤矸石取样时，综合考虑了岩性、煤种、瓦斯等级及开采方式等因素，取得的煤矸石样品具有典型的区域代表性。通过对煤矸石样品的分析，可以了解该地区煤矸石材料的特性，根据煤矸石材料路用分级标准，对东北寒冷地区不同矿区煤矸石材料进行了路用分级。

4.3.1 煤矸石材料用作路基填料

煤矸石材料作为路基填料路用分级标准重点考察煤矸石材料的塑性指数和CBR两个指标，塑性指数较大的煤矸石材料水稳定性较差，一般不能满足路基稳定性的要求；能够满足分级标准中塑性指数要求的煤矸石材料多具有较高的强度，其CBR值能够满足规范对路基填料的要求。结合不同产地煤矸石样品的塑性指数及样品所代表的区域，使用表4.9中煤矸石材料填筑公路路基宜谨慎，其他矿区煤矸石作为路基填料应进行相关试验，满足要求后方可应用。

路基填料慎用的煤矸石 表4.9

省　区	矿 区 或 煤 矿
吉林省	珲春矿区、舒兰矿区和刘房子矿区
黑龙江省	双鸭山矿区(长焰煤矿)、七台河矿区新兴煤矿和依兰矿区等

续上表

省　区	矿区或煤矿
辽宁省	抚顺矿区、铁法矿区（未燃煤矸石）和沈阳北矿区（褐煤矿）等
内蒙古自治区东部	平庄矿区（长焰煤矿）、赤峰矿区（褐煤矿）、扎赉诺尔矿区、宝日希勒矿区和霍林河矿区等

4.3.2 煤矸石材料用作路面基层材料

煤矸石材料作为路面基层材料路用分级标准考察煤矸石材料的塑性指数、压碎值和活性三个指标。结合不同产地煤矸石样品的塑性指数、压碎值和活性试验结果及样品所代表的区域，对东北寒冷地区煤矸石材料用于修筑路面基层分级如图4.1、表4.10所示。

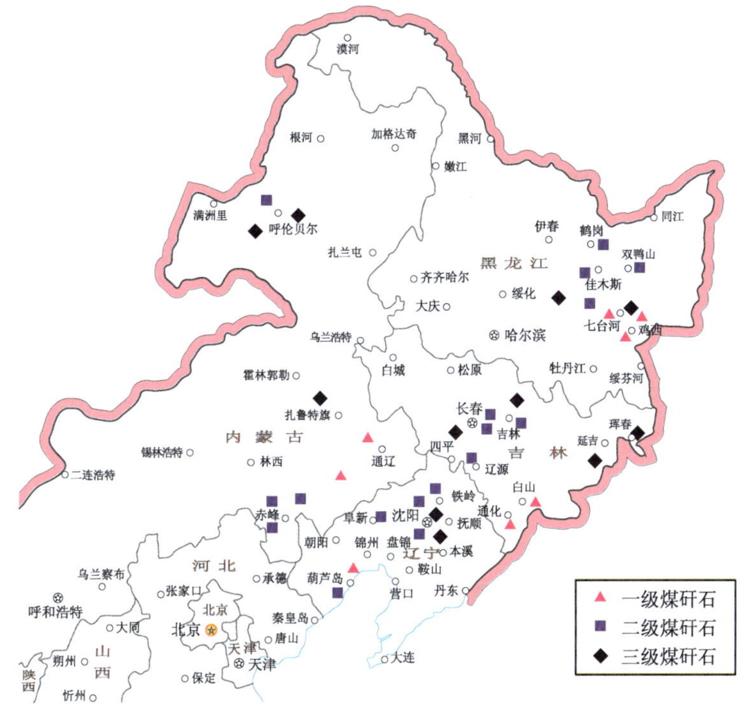

图4.1　东北寒冷地区基层用煤矸石分级结果

表4.10中所列各煤矿及其对应的煤矸石等级，是在对代表性煤矸石样品进行室内试验的基础上划分的。由于煤矸石样品不能完全反映各地煤矸石材料的情况，因此，在工程实际应用时要对煤矸石材料进行系统的试验，以确定煤矸石材料合理的稳定形式及公路的应用等级。

基层用煤矸石材料分级　　表4.10

煤矸石等级	矿区或煤矿
一级	吉林省：道清煤矿、砟子煤矿、湾沟煤矿； 黑龙江省：滴道煤矿、麻山煤矿、城子河煤矿、张新煤矿、东海煤矿、平岗煤矿、荣华煤矿、新发煤矿、龙湖煤矿、七台河煤矿； 辽宁省：三家子煤矿； 内蒙古自治区东部：温都花煤矿、黄花山煤矿

续上表

煤矸石等级	矿区或煤矿
二级	吉林省:辽源矿区、营城煤矿、羊草煤矿、蛟河煤矿; 黑龙江省:峻德煤矿、兴安煤矿、四方台煤矿、东荣煤矿、龙海煤矿、恒山煤矿、富力煤矿、岭北煤矿、益新公司、振兴煤矿、双阳煤矿、七星煤矿、新安煤矿; 辽宁省:大明二矿、太平煤矿、小康煤矿、大兴煤矿、小青煤矿、晓南煤矿、大隆煤矿、晓明煤矿、红菱煤矿、三台子煤矿、林盛煤矿、红阳煤矿、邱皮沟煤矿、大窑沟煤矿、小凌河煤矿; 内蒙古自治区东部:五家煤矿、元宝山煤矿、红庙煤矿、平庄元宝山煤矿、古山煤矿
等外	吉林省:吉舒煤矿、丰广煤矿、东富煤矿、舒兰街煤矿、三道岭矿、刘房子煤矿、英安矿、珲春矿区、和龙市延边煤矿与和龙煤矿; 黑龙江省:新兴煤矿、新建煤矿、桃山煤矿、东风煤矿、新立煤矿、富强煤矿、铁东煤矿、新富煤矿、依兰煤矿; 辽宁省:抚顺西露天煤矿、老虎台煤矿、南龙凤煤矿、大明一矿、蒲河煤矿、大桥煤矿; 内蒙古自治区东部:三道营煤矿、四龙煤矿、广兴煤矿、宋家营煤矿、西桥煤矿、扎赉诺尔矿区、宝日希勒矿区、霍林河矿区

第 5 章　煤矸石路基填料性能研究

寒冷地区煤矸石单质材料的试验结果表明煤矸石材料具有较好的工程特性。结合我国近年来提倡的“绿色公路”理念，煤矸石作为路用填料具有广阔的应用前景，但我国现行路基规范中并没有相应的指标和标准来指导煤矸石的工程应用。从现有的理论研究及部分工程实践中可见，煤矸石大规模应用在路基填料中尚需解决如下几个关键问题：煤矸石作为路基填料的压实特性与方法；煤矸石作为路基填料变形特性；煤矸石路基的稳定性；煤矸石填筑路基的施工工艺、方法及质量控制。

如果将其用作路基填料，还要对其各项性能进行深入分析，满足相关规范要求后才能作为填筑材料应用于路基工程。选用吉林省辽源、道清和湾沟三个产地的煤矸石材料进行室内试验，分析其各项性能，其中辽源和湾沟为已燃煤矸石，道清为未燃煤矸石。通过室内击实试验、加州承载比(CBR)试验、回弹模量试验、饱水压碎值试验和导热系数试验，研究煤矸石材料作为路基填料的压实性能、承载能力、水稳定性和隔温性能，为煤矸石材料在路基工程中的应用提供技术支持。

5.1　煤矸石路基填料压实性能

煤矸石是一种特殊的类似于碎石土的填料，天然煤矸石存在着明显的颗粒级配缺陷，其粗大颗粒含量较大，细小颗粒比例过低，级配曲线变化比较明显，煤矸石天然堆积呈松散状态，空隙很大。但是煤矸石与一般碎石土的区别在于，煤矸石粗大软岩颗粒在碾压的过程中会发生破碎，细粒料含量会逐渐增加，级配条件不断得到改善，从而有效地提高压实度。煤矸石的压密性与一般工程用土的压密性有实质差异，压密过程和结果受煤矸石本身颗粒破碎特性的影响显著。因此，将煤矸石路基压实需要综合考虑压实度、级配变化、压碎值等之间的联系，从而选取合理的压实方法。

路基应分层压实，使填料具有一定的压实度。压实效果与压实时的含水率有关，存在最佳含水率，此含水率条件下对应的干密度为最大干密度。通过室内击实试验可以确定路基填料的最佳含水率和最大干密度。根据《公路土工试验规程》(JTG E40—2007)中的击实试验方法(图 5.1)，对辽源、道清和湾沟三种不同产地煤矸石材料进行了击实试验，分别确定其最大干密度和最佳含水率。

5.1.1　细集料击实试验

对三种产地煤矸石材料中粒径小于 4.75mm 的煤矸石进行重型击实试验，试验结果如表 5.1，图 5.2 ~ 图 5.4 所示。

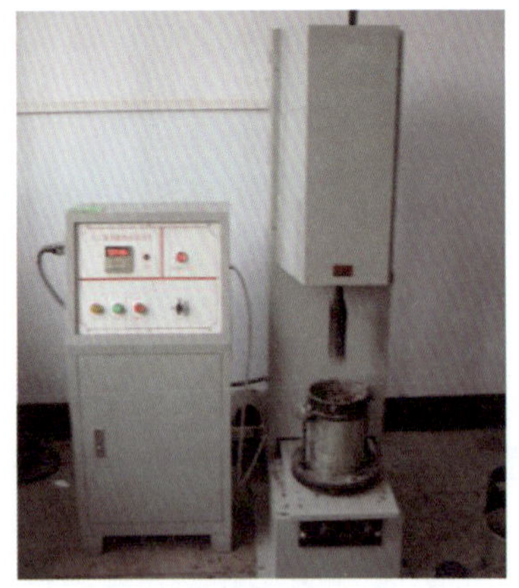

电动击实仪

重型击实试验

图 5.1　重型击实试验设备及试件

煤矸石细料击实结果　　表 5.1

煤矸石产地	最佳含水率(%)	最大干密度(g/cm^3)	煤矸石产地	最佳含水率(%)	最大干密度(g/cm^3)
辽源	14.8	1.73	湾沟	15.8	1.83
道清	8.5	2.09			

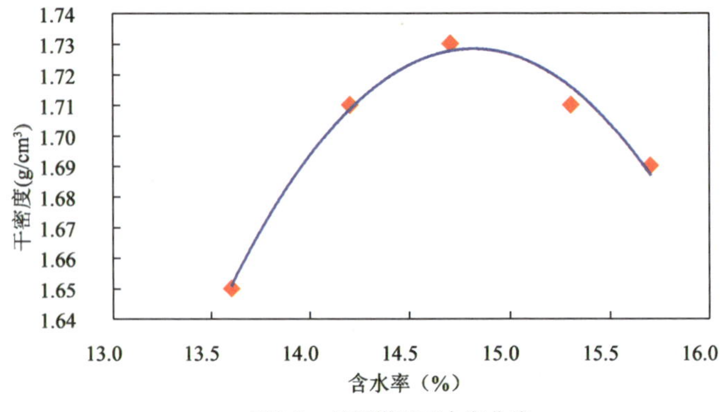

图 5.2　辽源煤矸石击实曲线

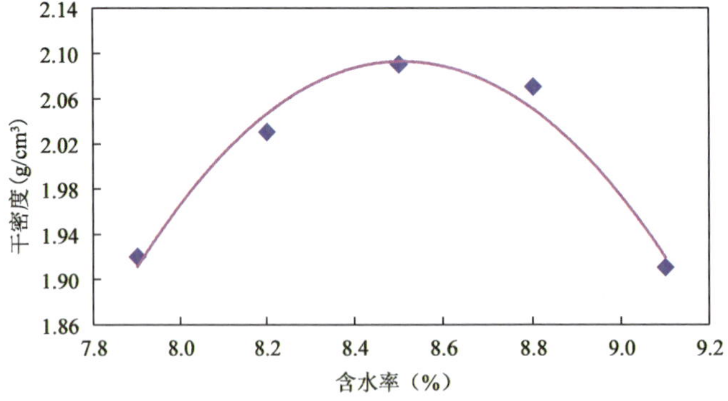

图 5.3　道清煤矸石击实曲线

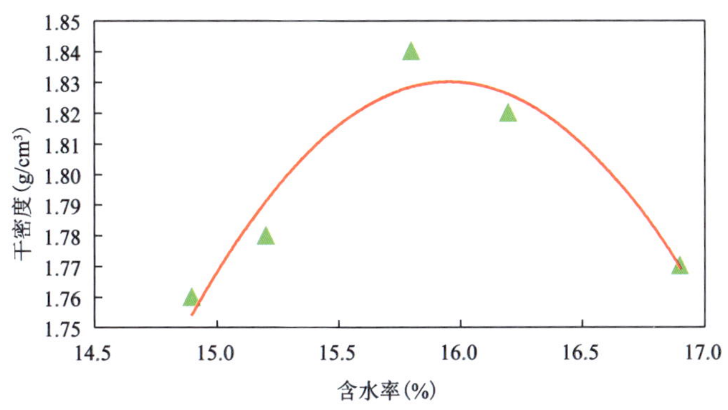

图5.4　湾沟煤矸石击实曲线

从煤矸石材料的细料击实试验结果可以看出，不同煤矸石的最大干密度和最佳含水率差异较大。未燃煤矸石的最大干密度比已燃煤矸石大，而最佳含水率比已燃煤矸石小。

5.1.2　不同粗集料含量击实试验

煤矸石的干密度不仅取决于粗细集料本身的干密度，还取决于细集料和粗集料的比例。对不同粗集料含量的煤矸石进行击实试验以找出影响煤矸石最大干密度的因素。

东南大学邱钰在其博士论文中指出，当粗集料含量小于40%时，最大干密度增加相对较缓；当粗集料含量为40%～60%时，最大干密度增长较快；当粗集料含量为60%～80%，最大干密度增加趋势变缓，且在粗集料含量接近80%时，最大干密度达到最大；其后随着粗集料含量的增加，最大干密度迅速减小。从吉林省煤矸石筛分结果及其他相关资料来看，大部分天然煤矸石中粗集料含量都为75%～85%，很少能够低于60%，所以试验中采用了四种粗集料含量，分别是$P=60\%$、$P=70\%$、$P=80\%$、$P=90\%$。考虑到煤矸石材料粒径差异较大，试验中分别选用19mm、37.5mm和63mm作为最大粒径。三种产地煤矸石不同粗集料含量的击实试验结果见表5.2～表5.4。

辽源煤矸石击实结果　　表5.2

粗集料含量			60%	70%	80%	90%
最大粒径(mm)	19	ω(%)	15.2	14.3	14.4	12.1
		ρ(g/cm^3)	1.76	1.78	1.77	1.71
	37.5	ω(%)	14.9	14.5	13.9	11.9
		ρ(g/cm^3)	1.80	1.82	1.79	1.74
	63	ω(%)	14.2	13.1	13.3	11.4
		ρ(g/cm^3)	1.83	1.84	1.83	1.73

道清煤矸石击实结果　　表5.3

粗集料含量			60%	70%	80%	90%
最大粒径(mm)	19	ω(%)	5.8	6.0	5.5	5.1
		ρ(g/cm^3)	2.28	2.29	2.27	2.21

续上表

粗集料含量			60%	70%	80%	90%
最大粒径（mm）	37.5	ω(%)	5.5	5.5	5.2	4.9
		ρ(g/cm^3)	2.30	2.32	2.31	2.29
	63	ω(%)	5.1	5.2	4.7	4.4
		ρ(g/cm^3)	2.29	2.34	2.29	2.24

湾沟煤矸石击实结果 表5.4

粗集料含量			60%	70%	80%	90%
最大粒径（mm）	19	ω(%)	13.2	13.0	10.7	9.7
		ρ(g/cm^3)	1.93	1.96	1.87	1.82
	37.5	ω(%)	11.8	12.1	11.2	8.3
		ρ(g/cm^3)	1.96	1.99	1.96	1.89
	63	ω(%)	10.6	10.9	10.3	8.8
		ρ(g/cm^3)	1.97	2.02	1.94	1.90

注：由于受试验条件所限，对最大粒径为63mm的煤矸石击实采用的仍是标准击实筒，参照《公路土工试验规程》（JTG E40—2007）中相关规定，对试验所得最大干密度和最佳含水率进行了校正。

通过分析三种不同产地煤矸石材料的击实试验结果，可以归纳出以下几点结论：

①煤矸石材料的级配缺陷能够在压实过程中得到明显改善。在压密过程中煤矸石经过碾压→密实→破碎→再碾压→再压密这一渐进压密过程，降低大粒径煤矸石比例，提高小粒径比例，煤矸石的级配逐渐得到改善，密实性得到提高。

图5.5所示为湾沟煤矸石在击实前后的粒径变化情况。煤矸石击实前后级配曲线如图5.6所示。可以看出，在击实完成后大粒径煤矸石比例明显降低，小粒径煤矸石比例大幅提高。筛分结果表明击实后煤矸石材料最大粒径为19mm，相较于击实前降低了两个粒级。在大料破碎小料增加的过程中，煤矸石的级配逐渐得到改善。煤矸石的天然级配中细集料偏少，而在击实后，粗细集料比例较合理，级配情况大幅改善，有利于达到更好的密实度。

图5.5 煤矸石击实前后粒径对比

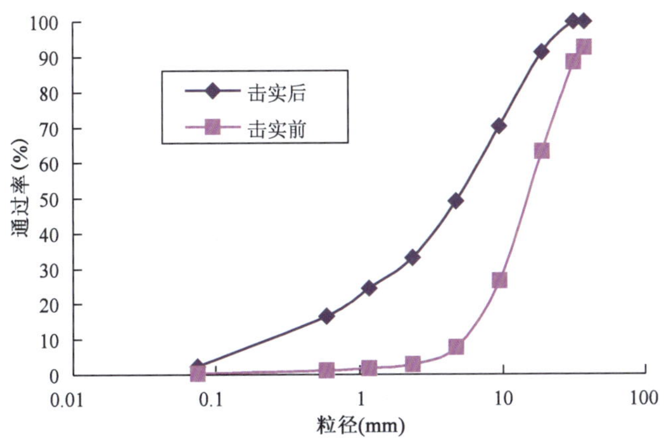

图 5.6 煤矸石击实前后级配曲线图

②与细颗粒煤矸石相比,天然煤矸石的最佳含水率小,最大干密度大。这主要是因为天然煤矸石中含有较多的大粒径颗粒,而这些基本是风化程度不高的碎石类煤矸石,密度要大些;细颗粒煤矸石含有较多风化的煤矸石,因而密度偏小。

③煤矸石材料的最大干密度不再是含水率的单一函数,而是与粗集料含量、最大粒径等密切相关的多元函数。煤矸石密度与粗集料含量 P 的关系表现为:开始时干密度随粗集料含量 P 的增加而增加,到最大值后则随粗集料含量 P 的增加而减少。干密度达到最大值时,粗集料含量大约为 70%。煤矸石最大干密度与最大粒径呈正比例关系,即在相同的级配特征和相同的粗集料含量下,密度随着粒径的增大而增大。

图 5.7 所示是辽源煤矸石在最大粒径为 37.5mm 时,最大干密度与粗集料含量间的关系;图 5.8 所示是该煤矸石在粗集料含量为 70% 时,最大干密度与最大粒径间的关系,其他组数据与此二图相似。

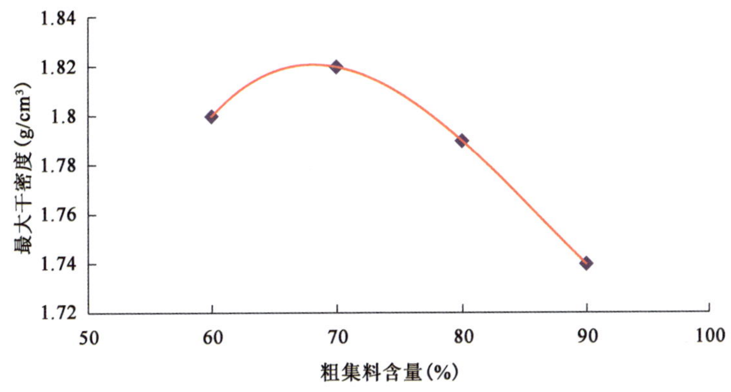

图 5.7 煤矸石最大干密度与粗集料含量关系图

④尽管不同产地煤矸石材料密度都在粗集料含量 $P=70\%$ 附近达到最大值,但是当 $P=60\%$ 和 $P=80\%$ 时,也可以得到比较理想的干密度,这一点对于不同最大粒径的煤矸石材料都有明显体现。在实际工程中,很难控制煤矸石的级配和最大粒径,只要控制煤矸石粗集料总含

量为 60% ~80% 就可以得到比较理想的压实效果。

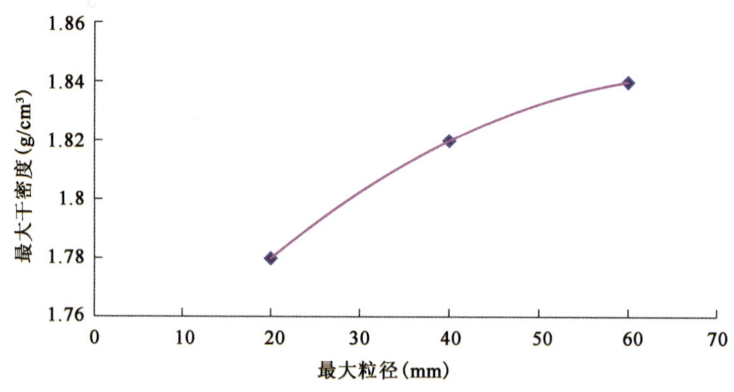

图 5.8　煤矸石最大干密度与最大粒径关系图

5.1.3　影响煤矸石压实度的因素

压实度是路基施工的重要参数，对路基的水稳定性、强度、后期沉降等都有直接影响。对于煤矸石材料填筑的路基，充分的压实可以有效地隔断水气通道，避免或者减少未燃煤矸石氧化所带来的不利影响。目前的研究理论认为影响煤矸石材料压实度的因素主要有下面几个方面。

(1)粒度成分对压实度的影响

煤矸石材料的级配是制约其压密性的内在要素，压实特性主要由骨料中的细集料及细集料对骨料空隙的充满程度决定。煤矸石材料级配具有粗大颗粒含量高和细小颗粒含量低的特点，其级配缺陷能够在压密过程中得到有效改善，有学者将这种压密性称为“破碎压密”。煤矸石压实过程分为两个阶段：前一阶段煤矸石处于相对疏松状态，压密主要体现于颗粒接触状态的调整，颗粒的相互靠近和重新排列；第二阶段粗颗粒相互移动至紧密接触构成支撑骨架，随着压力的增加，超过煤矸石颗粒本身强度，则粗颗粒破碎，压力重新调整，煤矸石重新处于压密作用过程，压实度进一步提高。

通常煤矸石中粗大颗粒含量高时(如图 5.9 中所示的 100% 粗集料)，第一阶段在压实过程中很快结束，压实主要由第二阶段组成，破碎率较高；随着粗颗粒比例下降，粒径变得丰富时(如图 5.9 中所示的 50% 粗集料)，第一阶段会变长，破碎率随之下降。Michalski 对比分析了不同压密条件下煤矸石的粒度分布特点与压密程度之间的关系后发现，煤矸石的可压密度与煤矸石粒度分布特征参数 C_u(不均匀系数)之间在量值上表现有很强的关联性。C_u 越大，填料级配越良好，较粗颗粒间的孔隙被较细颗粒所填充，煤矸石可压密的程度就越高，比较容易获得较大的密度值。总之，煤矸石的压实过程就是一个颗粒级配改良的过程，粗大颗粒比例下降，细小颗粒比例提高，达到压密的效果。

(2)分层厚度对压实度的影响

与一般的碎石土不同，煤矸石在压密过程中，随着煤矸石块的破碎，其级配条件不断得到改善，有效提高了其压密程度；煤矸石块的破碎也可以减小乃至消除浸水软化对煤矸石路基稳定性产生的潜在影响，所以煤矸石路基的压实效果很大程度上取决于碾压过程对煤矸石块的破碎程度。在实际施工中,煤矸石路基压实需要采用高强度分层压密方法。随着铺筑层厚度的增加,压实效果逐渐变差,当分层厚度增加到一定值后,即使增加振动碾压次数,其压实度也不能提高。但是,铺筑层厚度也不能过小,若铺筑层厚度小于煤矸石粗粒径的1/2时,在碾压过程中颗粒之间不易相互错动,碾压效果也会变差。采用分层填筑煤矸石的路基,铺筑层厚一般控制为30~50cm,碾压遍数为4~6遍为宜,具体的施工参数应根据煤矸石的级配、工程对压实度的要求和施工机械条件等确定,有条件时应通过现场试验来确定合理施工方案。

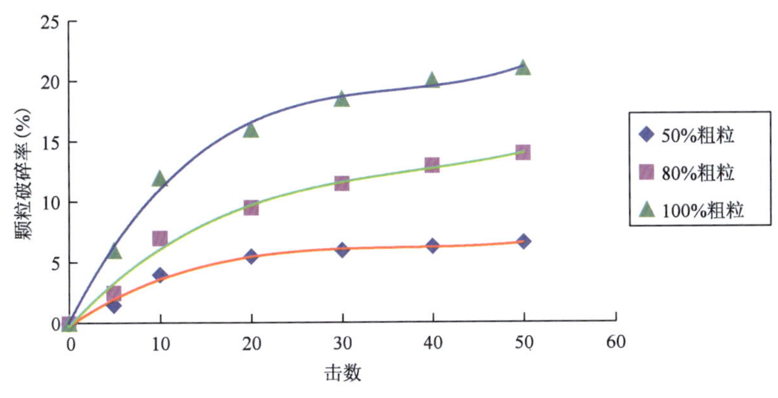

图5.9 破碎率与击数的关系

(3)含水率的影响

对于一般细粒土而言,含水率与干密度之间存在良好的二次抛物线关系,在一定的压实功下存在最佳含水率和最大干密度。对于煤矸石材料而言,由于其吸水量小,排水快,难以保持水分,很难达到最佳含水率。含水率偏小时,填筑层表面松散,碾压过程中煤矸石在压路机轮下有推移现象,影响压实效果。因此,碾压时的含水率可大于最佳含水率,此时碾压过程中表面虽有溅水,但碾压完成后表面较密实且能达到要求的压实度。对于过湿或过干的煤矸石,应通过晾晒或洒水调整含水率。

5.2 煤矸石路基填料的承载能力

路基是路面结构的支承体,车轮荷载通过路面结构传至路基,在路基内部产生应力、应变及位移。路基抵抗车轮荷载能力的大小主要决定于路基顶面抵抗变形的能力,所以路基的承载能力都采用一定应力级位下的抵抗变形能力来表征。本书采用加州承载比(CBR)和回弹模量表征煤矸石路基的承载能力。

煤矸石材料的承载比试验在3.3.1中已有论述,这里主要讨论回弹模量。

以回弹模量表征土基的承载能力可以反映土基在瞬时荷载作用下的可恢复变形性质,为了模拟车轮印迹的作用,通常以圆形承载板压入土基的方法测定回弹模量。柔性承载板和刚性承载板都可用于测定土基的回弹模量。由于刚性承载板的挠度易于测量,压力容易控制,所以在实际测定中刚性承载板应用较多。参照《公路土工试验规程》(JTG E40—2007)中回弹模量试验强度仪法测定煤矸石材料的回弹模量，分析煤矸石路基的承载能力，其装置如图5.10所示。

图5.10 回弹模量试验装置

煤矸石回弹模量试验选用的材料、最大粒径及粗集料含量，与CBR试验相同，不同产地煤矸石材料的回弹模量试验结果如表5.5、图5.11所示。

煤矸石回弹模量试验结果(MPa)　　表5.5

煤矸石产地	最大粒径及粗集料含量				
	19mm	37.5mm			
	70%	60%	70%	80%	90%
辽　源	123	133	152	150	115
道　清	193	243	210	197	242
湾　沟	118	147	169	126	164

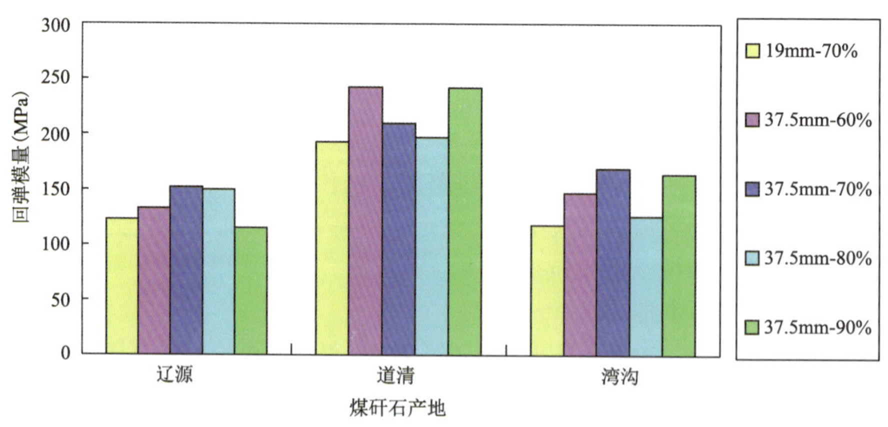

图5.11 煤矸石回弹模量试验结果

对室内试验结果进行试筒尺寸约束修正后，再考虑保证率折减系数，考虑不利季节和路基干湿类型的综合影响系数后的回弹模量值如表5.6、图5.12所示。

煤矸石回弹模量修正值 表5.6

公路等级及干湿类型	煤矸石产地	最大粒径及粗集料含量				
		19mm	37.5mm			
		70%	60%	70%	80%	90%
高速公路、一级公路干燥状态	辽源	48.7	52.7	60.2	59.4	45.5
	道清	76.4	96.2	83.2	78.0	95.8
	湾沟	46.7	58.2	66.9	49.9	64.9
高速公路、一级公路中湿状态	辽源	39.6	42.8	48.9	48.3	37.0
	道清	62.1	78.2	67.6	63.4	77.9
	湾沟	38.0	47.3	54.4	40.5	52.8
高速公路、一级公路潮湿状态	辽源	33.3	36.0	41.2	40.6	31.2
	道清	52.3	65.8	56.9	53.4	65.6
	湾沟	32.0	39.8	45.8	34.1	44.4
二、三级公路中湿状态	辽源	35.4	38.3	43.7	43.1	33.1
	道清	55.5	69.9	60.4	56.7	69.6
	湾沟	33.9	42.3	48.6	36.2	47.2

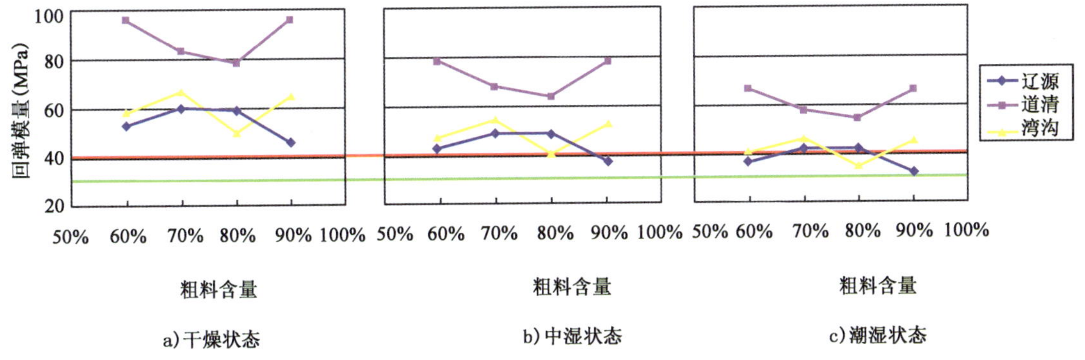

图5.12 不同干湿状态煤矸石回弹模量修正值对比

试验结果分析:

①《公路沥青路面设计规范》(JTG D50—2006)中规定普通路基回弹模量应大于30MPa,重交通、特重交通公路土基的回弹模量应大于40MPa。从表5.6中的回弹模量设计值可以看出,已燃、未燃煤矸石均可以满足二、三级公路的要求;已燃煤矸石应用在高等级公路时要慎重,建议应用于干燥状态的路基,而且要考虑煤矸石的级配,在应用之前通过具体试验确定;未燃煤矸石可以应用于高等级公路,适应各种干湿类型的路基。

②从图5.11可以看出,道清煤矸石的回弹模量大于辽源和湾沟煤矸石的回弹模量,说明未燃煤矸石的承载能力优于已燃煤矸石,通过压碎值试验也可以得到相同结论,即已燃煤矸石

的压碎值比相同煤矿未燃煤矸石的压碎值要大4左右，也就是已燃煤矸石比未燃煤矸石的强度和回弹模量相对要小。

③在相同最大粒径、不同粗集料含量的条件下，煤矸石材料的回弹模量值在粗集料含量为70%时均较大。在粗集料含量相同、最大粒径不同的条件下，煤矸石材料的回弹模量值随最大粒径的增大而增加。由于多数煤矸石的粗集料含量均在70%左右，因此在具体应用时，只要控制好最大粒径，便能得到满足规范要求的路基。

5.3 煤矸石路基填料的水稳定性

在南方非冰冻地区，当雨季来临未能及时排除的地面积水和离地面很近的地下水将使路基浸润而软化；在北方季节性冰冻地区，冰冻开始时路基水分向冻结线积聚形成冻胀，春暖融冻初期形成翻浆的现象较普遍。因此，路基填料的水稳定性对于路基路面结构的强度、刚度及稳定性至关重要。由于在煤矸石单质材料试验中，部分煤矸石存在遇水膨胀和软化的现象，因此，将煤矸石用作路基填料更应该考察其水稳定性。

目前，对路基填料的水稳定并没有统一的试验规程，而压碎值指标可以衡量路基填料的力学性质，评价其在公路工程中的适用性。水稳定性较差的路基填料受水分浸泡后强度降低，该材料的压碎值也应随之降低。因此，可以通过考察不同浸水时间的煤矸石材料压碎值，间接地反映其水稳定性。

参照《公路工程集料试验规程》(JTG E42—2005)中粗集料压碎值试验方法对饱水10d、30d和50d的五种不同产地煤矸石材料进行压碎值试验，并与不饱水状态下煤矸石材料的压碎值进行比较，分析煤矸石压碎值随饱水时间的变化情况，研究煤矸石材料作为路基填料的水稳定性。

对辽源、道清、湾沟、邱皮沟和五家几种不同产地煤矸石材料进行了饱水压碎值试验，不同饱水时间后煤矸石材料压碎值试验结果如表5.7和图5.13所示。

不同饱水时间煤矸石材料压碎值试验结果 表5.7

煤矸石产地	不同饱水时间压碎值(%)			
	未饱水	饱水10d	饱水30d	饱水50d
辽源(已燃)	32.6	33.9	34.2	34.0
道清(未燃)	21.3	22.5	22.9	23.9
湾沟(已燃)	26.5	32.9	34.4	34.9
邱皮沟(未燃)	19.3	20.0	20.5	19.7
五家(已燃)	35.5	35.9	36.6	36.7

从图5.13中可以看出，不同产地煤矸石材料的差异性较大。在选取的五种产地煤矸石中，两种未燃煤矸石的压碎值均小于已燃煤矸石；除湾沟煤矸石的压碎值在饱水初期增加较多外，其他煤矸石饱水后压碎值均较未饱水压碎值略有增加，但增加幅度较小，不影响煤矸石材料的强度，说明煤矸石材料作为路基填料具有良好的水稳定性。

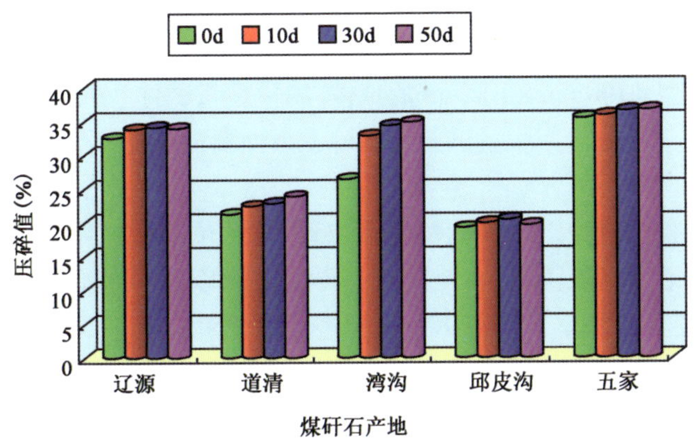

图5.13　不同饱水时间煤矸石压碎值试验结果分析

5.4　煤矸石路基填料的抗冻性能

在寒冷地区修筑路基,要求填料应具有一定的抗冻性能,避免出现冻胀等病害影响公路的正常运营。采用煤矸石作为路基填料修筑寒冷地区的公路,同样需要考察煤矸石材料的抗冻性能。采用吉林省交通科学研究所自行研制的路基土冻胀测试仪对道清和湾沟两个产地的煤矸石进行不同压实度冻胀率试验(图5.14),分析其作为路基填料的抗冻性能。

图5.14　冻胀测试仪及试件

(1)试验设备

路基土冻胀测试仪、台秤、量筒、击锤和导管、拌和工具、试模(ϕ100mm×100mm)、路面材料强度试验仪、脱模器、烘箱、水槽等。

(2)试验步骤

①将试验用煤矸石试样通过19mm筛后充分拌匀,采用四分法取代表性煤矸石进行击实试验,确定煤矸石材料的最大干密度和最佳含水率。

②根据最大干密度和试验要求的压实度计算成型一个试件的用料量，称取煤矸石试样，按照最佳含水率加水，拌和均匀后，装入塑料袋浸润一昼夜备用，平行试件为 3 个。

③采用静压法成型 ϕ100mm × 100mm 的试件，脱模后将试件装入冻胀量专用试筒内，根据试验需要进行饱水或直接进行冻胀量试验。试件上下面要放置滤纸，顶面放置透水石，饱水试件需浸水 24h。

④将试件放入冻胀仪，打开开关，调整初始位移，初始位移最好限定为 -3 ~ 3mm；试验温度为 -20℃，每隔 1h 记录仪表读数，直至读数不再变化，即完成一组试验。

⑤取出试件，测定其含水率。重复上述过程进行下一组试验。

⑥试验结果计算

按式(5-1)计算冻胀率：

$$\mu = \frac{S - S_0}{10} \times 100 \tag{5-1}$$

式中：μ——冻胀率，%；

S_0——初始位移，mm；

S——终止位移，mm。

(3)试验结果及分析

根据《公路路基设计规范》(JTG D30—2015)中对路基土压实度的规定，对吉林省道清和湾沟两地的煤矸石在不同压实度(92%、94% 和 96%)下成型试件饱水后进行冻胀率试验；为了考察不同含水率对冻胀率的影响，对压实度为 94% 的试件进行饱水和不饱水冻胀率试验。具体试验结果如表 5.8 所示。

煤矸石冻胀率试验 表 5.8

煤矸石产地	最大干密度 (g/cm³)	最佳含水率 (%)	压实度 (%)	状态	冻胀率 (%)	含水率 (%)
道清	2.26	5.6	92	饱水	4.791	8.84
			94	未饱水	-0.305	5.52
				饱水	4.642	8.62
			96	饱水	3.996	8.79
湾沟	1.90	13.1	92	饱水	7.393	16.63
			94	未饱水	-0.184	12.98
				饱水	4.653	15.70
			96	饱水	4.334	16.29

从表 5.8 可以看出，未进行饱水的试件没有出现冻胀，而出现冷缩的现象，说明处于干燥地段的煤矸石路基在满足压实条件后不会出现冻胀现象；不同压实度试件饱水后的含水率比较接近，冻胀率随着压实度的增加而减小，其原因是压实度小的试件在饱水过程中空隙被水分填充，在冻结过程中容易产生冻胀。按照《公路工程抗冻设计与施工技术指

南》中对冻胀土的分类，煤矸石材料的冻胀性在潮湿状态时属于冻胀。在实际应用中，做好路基的排水系统，保持煤矸石处于中湿或干燥状态，可以避免煤矸石路基冻胀病害的发生。

5.5　煤矸石路基填料的隔温性能

通过调研和查阅资料了解到煤矸石材料具有良好的隔温性能。许多地方利用煤矸石烧制的砖，除了作为承重物外，还有很多用作室内隔热保温材料。据此推测煤矸石材料作为路基填料应该也具有类似的性质，这对于在寒冷地区推广利用煤矸石作为筑路材料具有重要意义。

导热系数是指在稳定传热条件下，1m 厚的材料，两侧表面的温差为 1°C，在 1h 内，通过 $1m^2$ 面积传递的热量。导热系数与材料的组成结构、密度、含水率、温度等因素有关。因此，通过测量煤矸石材料的导热系数就可以了解其隔温性能。

选用辽源、湾沟、九台三种煤矸石材料和具有代表性的黏土和砂土各一种做对比试验，以寻求煤矸石材料与普通筑路材料在隔温性能上的差别。

(1) 试验设备

环形试模(图 5.15)、台秤、压力机、脱模器、游标卡尺、DRP-I 型导热系数测定仪、烘箱等。

(2) 试验步骤

①对各种煤矸石材料及对比材料分别进行标准击实试验，得出各自的最佳含水率和最大干密度，并以此为依据计算成型试件用料量，试件尺寸为 ϕ200mm × 20mm。

图 5.15　试验用环形试模

②将试样按照计算好的用料量和用水量在浅盘内拌和均匀，将底模放入环形试模的下部并外露 1cm，试模底部铺一张硬质纸，将试样分两次放入试模内并摊铺均匀后适当压实。试样全部装入后将表面刮平再铺一张硬质纸后放上顶模，如图 5.16 所示。

③将装入试样的试模放到压力机上静压成型，加压直到底模和顶模同时压入环形试模为止，维持压力 1min 后解除压力，取下试模，放到脱模器上脱模，如图 5.17 所示。

④将脱模后试件放入烘箱中烘干，保持烘箱温度(105 ± 5)℃，烘干时间不小于 6h。

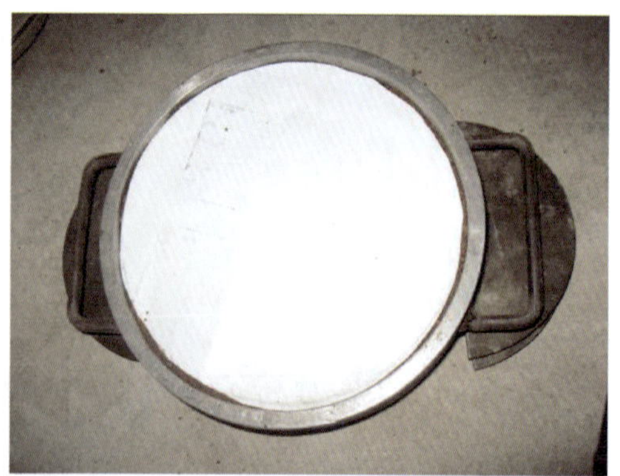

图 5.16 试模装料

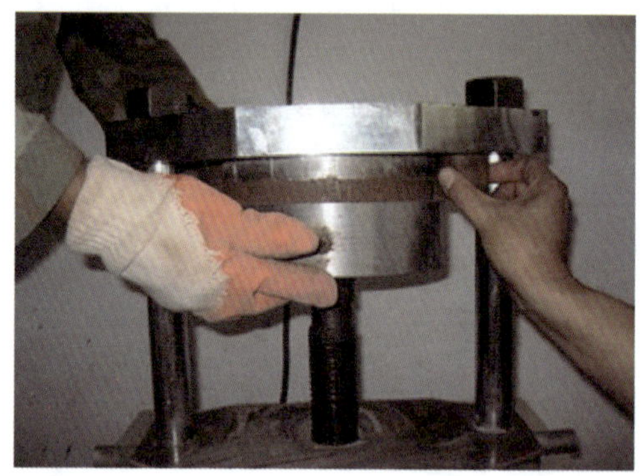

图 5.17 静压成型及脱模

⑤用游标卡尺测量导热系数试件(图 5.18)的厚度,每个试件测量厚度的位置不少于 3 次,将其平均值作为试件的厚度。采用 DRP-I 型导热系数测定仪测量各种煤矸石材料和代表黏土、砂土的导热系数,如图 5.19 所示。

图 5.18 成型脱模后的导热系数试件

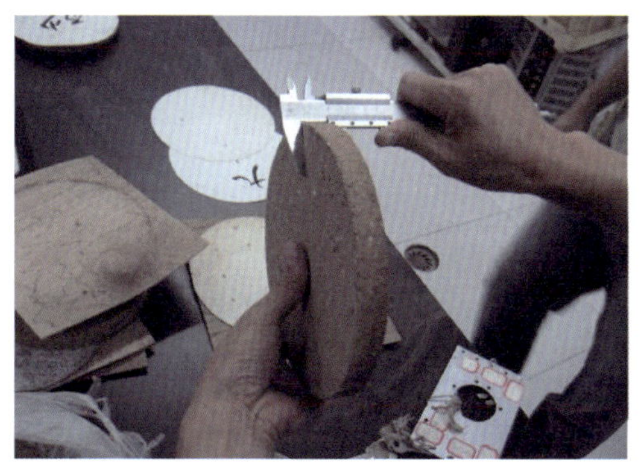

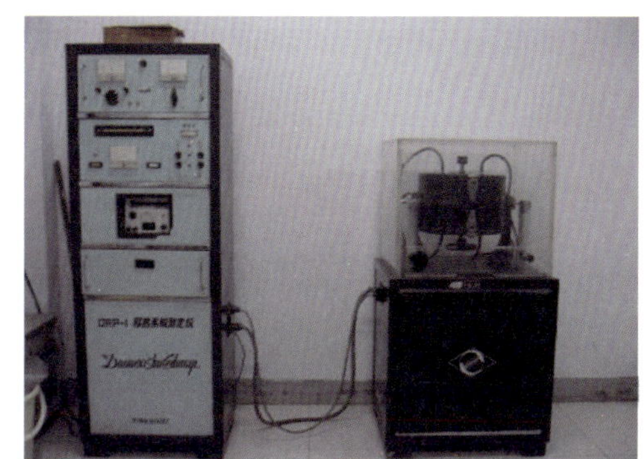

图 5.19 厚度测量及试验用导热系数测定仪

(3)试验结果分析

对几种煤矸石材料和代表性黏土、砂土进行导热系数试验,结果如表 5.9 所示。

煤矸石材料及普通路基填料导热系数试验结果 表 5.9

试件名称	煤矸石材料			普通路基填料	
	辽源	湾沟	九台	黏土	砂土
导热系数[W/(m·K)]	0.375 5	0.368 7	0.540 3	0.695 2	0.548 8

从试验结果可看出,前两种煤矸石材料的导热系数明显小于普通路基填料,表明已燃煤矸石的隔温性能优于砂土等路基材料。表 5.9 中数据是在试件烘干以后所得结果,道路工程实际应用中煤矸石路基要受到水分长期作用,很难保持干燥状态。经查资料,水的导热系数约 0.6W(m·K),与试验材料的属于一个数量级,说明水对上述试验结果影响不大,本试验结果可以用作分析的依据。

为了进一步分析煤矸石材料的隔温性能,又选取了寒冷地区代表性的煤矸石材料开展了导热系数试验,试验结果如表 5.10 所示。

寒冷地区煤矸石材料导热系数试验结果 表 5.10

样品编号	煤矸石产地	状 态	干密度(g/cm^3)	含水率(%)	导热系数[W/(m·K)]
1	三家子	未燃	1.919	3.3	0.536 000
2	三道营坑	未燃	1.850	7.8	0.525 303
3	红菱	未燃	1.853	4.8	0.485 847
4	古山	未燃	1.796	9.2	0.504 281
5	林盛	未燃	1.951	6.1	0.496 722
6	大明	未燃	1.743	9.2	0.435 212
7	大明	已燃	1.595	14.1	0.418 185
8	红阳	未燃	1.869	5.1	0.467 552
9	红阳	已燃	1.751	6.8	0.442 127
10	邱皮沟	未燃	2.037	4.6	0.523 965

续上表

样品编号	煤矸石产地	状　态	干密度(g/cm^3)	含水率(%)	导热系数[W/(m·K)]
11	邱皮沟	已燃	1.631	9.1	0.412 379
12	抚顺西	已燃	1.681	10.5	0.427 155
13	五家	已燃	1.510	11.9	0.343 868
14	辽源	已燃	1.552	14.8	0.409 743
15	黏土	—	1.755	9.9	0.618 393

从表5.10中的试验数据看出，不同产地的煤矸石材料具有不同的密度、含水率和导热系数；对比煤矸石材料和黏土的导热系数，已燃煤矸石材料的导热系数明显小于黏土材料，未燃煤矸石材料的导热系数略小于黏土材料，表明煤矸石材料的导热系数比普通路基填料小，具有良好的隔温性能，将其作为路基填料可以降低最大冻深，减轻路基冻胀翻浆等病害，提高路基的抗冻性能；已燃煤矸石的隔温性能优于未燃煤矸石。

5.6　煤矸石路基填料性能评价

已燃煤矸石和未燃煤矸石作为路基填料的性能比较如表5.11所示。

已燃煤矸石和未燃煤矸石填料性能对比　　表5.11

煤矸石路基填料性能	已燃煤矸石（辽源、湾沟）	未燃煤矸石（道清）
压实性能	最大干密度:1.71～2.02g/cm^3 最佳含水率:8.8%～15.2%	最大干密度:2.21～2.34g/cm^3 最佳含水率:4.4%～5.8%
CBR(%)	36～100	40～93
回弹模量(MPa)	115～169	193～243
浸水后压碎值增加值	1.2～8.4	0.4～1.6
饱水冻胀率(%)	4.334～7.393	3.996～4.791
导热系数(W/m·K)	0.368 7～0.540 3	0.741 0

从表5.11中可以看出，已燃煤矸石的最大干密度较未燃煤矸石小，最佳含水率较未燃煤矸石大；已燃煤矸石和未燃煤矸石的CBR值均较大，能满足路基规范对填料CBR值的要求；未燃煤矸石的回弹模量较已燃煤矸石大；已燃煤矸石和未燃煤矸石的浸水压碎值均较未浸水前有所增加，但是增加幅度较小，表明煤矸石材料具有良好的水稳定性；未燃煤矸石饱水冻胀率较小，具有较好的抗冻性；已燃煤矸石的导热系数比未燃煤矸石小，作为路基填料具有良好的隔温性能。

对煤矸石材料作为路基填料的性能评价表明满足分级标准的煤矸石具有良好的压实性能，较高的承载能力。部分煤矸石存在遇水膨胀的特性，通过室内试验分析可知，煤矸石材料的膨胀特性与其含有蒙脱石、伊利石和高岭石等矿物成分有关，塑性指数较大的煤矸石材料多含有大量的膨胀性矿物成分。在煤矸石材料路用分级标准中，用塑性指数作为分级首要指标，保证了应用于公路工程的煤矸石材料具有较小的膨胀性，因此，按照煤矸石路用分级标准选用的煤矸石材料体积稳定性较好。

第6章 煤矸石半刚性基层材料性能

6.1 材料选择及规格料加工

6.1.1 材料选择

煤矸石含碳量较低，主要矿物成分是伊利石、高岭石等黏土矿物以及石英、云母、长石和少量的碳酸盐和硫铁矿等。从化学组合上看，煤矸石一般以硅铝为主要成分，具有一定的活性。煤矸石种类繁多，成分复杂，各地煤矸石的理化性质差异较大，而且同一产地的煤矸石粒径和强度又很不均匀，因此，将煤矸石材料应用于路面结构基层中必然要满足一定的指标要求。公路工程现行规范对路面基层用料给出了具体的指标要求。从公路工程几种常用路面基层形式对材料的性能指标要求中可以看出，路面基层对材料的液塑限、压碎值等指标要求较为严格。参照现行规范对路面基层材料的相关指标要求，对吉林省、黑龙江省、辽宁省和内蒙古自治区等寒冷地区部分煤矸石样品开展了系统的试验研究，试验内容包括颗粒组成、化学成分、矿物成分、液塑限、自由膨胀、压碎值、CBR和煤矸石活性试验，通过深入分析试验结果，提出了基层用煤矸石材料的指标要求，见表6.1。

基层用煤矸石指标要求 表6.1

<table>
<tr><th>结构层</th><th>指标</th><th colspan="2">一级</th><th colspan="2">二级</th></tr>
<tr><td rowspan="3">基层</td><td>塑性指数 I_p</td><td colspan="4"><10</td></tr>
<tr><td>压碎值(%)</td><td>≤30</td><td colspan="2">30~35</td><td>35~42</td></tr>
<tr><td>活性(MPa)</td><td>—</td><td>≥11.5</td><td><11.5</td><td>>8.5</td></tr>
</table>

6.1.2 基层用煤矸石材料加工

在对吉林省、黑龙江省、辽宁省和内蒙古自治区等寒冷地区煤矸石的分布及应用情况调查时，发现矸石山不同位置的煤矸石颗粒组成差别较大，最大粒径甚至超过700mm。因此，在应用煤矸石材料修筑路面基层时，要对其进行加工处理。

对于强度较大，压碎值小于30%的煤矸石，可以就地修建石料破碎厂或将其运至附近石料破碎厂进行破碎处理，与普通碎石一样，按照不同粒径进行分类，使用时根据施工配合比回配，用于高速公路和一级公路基层的修筑；对于压碎值为35%~42%、强度较小的煤矸石，可以采取控制最大粒径的方法将天然级配的煤矸石材料用于基层施工中，对施工时遇到的大粒径煤矸石材料可以采用人工改锤或拣除的方法处理，可应用于二级及二级以下公路基层中；对于压碎值为30%~35%的煤矸石材料，可以根据煤矸石材料的特性及施工实际情况，确定其应用的结构层,如天然级配煤矸石材料不能满足施工要求,对于级配较粗的煤矸石材料可以采用推土机碾压等方式进行破碎后应用,对于级配较细的煤矸石材料可以采用添加碎石等方法改善级配后应用。

6.2 煤矸石半刚性基层混合料配合比

影响煤矸石半刚性基层混合料强度的主要因素有:结合料的剂量及比例、煤矸石材料级配和结合料与煤矸石材料的比例等。为了保证煤矸石半刚性基层混合料配合比设计的全面性,进一步明确各因素对煤矸石基层性能的影响,选用正交试验设计方法,对二灰稳定和水泥稳定四个产地煤矸石(辽源、道清、湾沟和九台)基层混合料的配合比进行试验研究。结合现行规范对两种稳定形式基层的强度要求,以不同配合比试件的7d和28d无侧限抗压强度确定不同产地煤矸石在不同稳定形式下的合理配合比。

6.2.1 正交试验设计方法

正交试验设计(Orthogonal experimental design)是研究多因素多水平的一种设计方法,它采用一套编好的正交表,从多因素的全面试验中,根据正交性挑选出有代表性的组合条件进行试验,通过计算可以找到较好的工艺条件或最优配比。正交表是利用"均匀分散,整齐可比"这两条正交性原理,从大量的试验中挑选出适量具有代表性的试验点,制成的一整套有规律排列的表格,用 $L_n(t^c)$ 表示,其中L为正交表的代号,n 为试验的次数,t 为水平数,c 为列数,也就是最多可能安排的因素个数。

正交试验设计法吸收了"全面试验法"和"孤立变量法"两种方法的优点,克服了它们的缺点,科学地安排多因素试验方案,有效地分析试验结果。

6.2.2 二灰稳定煤矸石基层混合料配合比优化

二灰稳定煤矸石基层是用石灰、粉煤灰和煤矸石按一定配比,加水拌和、摊铺、碾压及养生而成型的基层。混合料的配比组成可以参照《公路路面基层施工技术细则》(JTG/T F20—2015)中石灰工业废渣稳定土的相关规定。

(1)规范对二灰稳定土混合料的要求

《公路路面基层施工技术细则》(JTG/T F20—2015)中对石灰工业废渣稳定土的7d浸水抗压强度做出了规定,《公路沥青路面设计规范》(JTG D50—2006)也进行了相关要求,结合吉林省地方标准《寒区公路工程煤矸石应用技术指南》(DB 22/T 2062—2014),对石灰粉煤灰稳定煤矸石抗压强度标准提出了相应要求,见表6.2。

石灰粉煤灰稳定煤矸石7d龄期无侧限抗压强度标准(MPa) 表6.2

层位	公路等级	极重、特重交通	重交通	中、轻交通
基层	高速公路和一级公路	—	—	≥0.9
	二级及二级以下公路	—	≥0.8	≥0.7
底基层	高速公路和一级公路	≥0.8	≥0.7	≥0.6
	二级及二级以下公路	≥0.7	≥0.6	≥0.5

(2)试验方案

根据正交试验设计方法的原理,选定影响二灰稳定煤矸石基层配合比的主要因素:石灰粉煤灰的比例、结合料与煤矸石的比例和煤矸石材料的级配。根据规范中给出的二灰土和二灰集料基层的石灰粉煤灰比例范围和结合料与集料比例范围,结合工程实际确定了二灰稳定煤矸石基层石灰粉煤灰比例和二灰与煤矸石的比例。

以19mm和4.75mm为界将粒径小于37.5mm的煤矸石材料划分为粗料、中料和细料。参照《公路路面基层施工技术规范》(JTJ 034—2000)中二灰稳定碎石级配中集料的颗粒组成范围,选取规范级配细料:中料:粗料=40:40:20作为煤矸石级配水平;根据对不同产地煤矸石材料筛分的试验结果选定天然级配作为煤矸石级配的水平,其中辽源煤矸石天然级配为14:40:46,道清煤矸石天然级配为10:56:34,湾沟煤矸石天然级配为8:54:38,九台煤矸石天然级配为20:36:44;分别计算不同煤矸石天然级配和规范级配的中值级配作为煤矸石级配的水平。试验用煤矸石材料的级配如表6.3所示。

试验用煤矸石材料级配 表6.3

煤矸石产地及级配		通过率(%)						
		2.36mm	4.75mm	9.5mm	13.2mm	19mm	26.5mm	37.5mm
辽源	天然	8	14	22	42	54	74	100
	中值	14	27	40	55	67	84	100
	规范	20	40	58	68	80	94	100
道清	天然	6	10	30	48	66	88	100
	中值	13	25	44	58	73	91	100
	规范	20	40	58	68	80	94	100
湾沟	天然	4	8	28	42	62	82	100
	中值	12	24	43	55	71	93	100
	规范	20	40	58	68	80	94	100
九台	天然	12	20	30	42	56	78	100
	中值	16	30	44	55	68	86	100
	规范	20	40	58	68	80	94	100

通过上述分析,确定二灰稳定煤矸石基层配合比因素水平表如表6.4所示。

二灰稳定煤矸石基层因素水平表 表6.4

水平 \ 因素	石灰:粉煤灰	二灰:煤矸石	煤矸石级配
1	1:2	25:75	天然
2	1:3	20:80	中值
3	1:4	15:85	规范

根据正交试验设计方法按三水平四因素考虑对表6.4中所列各因素和水平进行组合,选用$L_9(3^4)$正交表,确定二灰稳定煤矸石基层混合料配合比的试验方案如表6.5所示。

二灰稳定煤矸石基层配合比试验方案　　表 6.5

试验编号	石灰:粉煤灰	二灰:煤矸石	煤矸石级配
1	1:2	25:75	天然
2	1:2	20:80	中值
3	1:2	15:85	规范
4	1:3	25:75	中值
5	1:3	20:80	规范
6	1:3	15:85	天然
7	1:4	25:75	规范
8	1:4	20:80	天然
9	1:4	15:85	中值

(3)原材料性质

①石灰。试验中选用的石灰取自双阳,其各项技术指标如表 6.6 所示。从试验结果可以看出,该石灰属于Ⅱ级石灰,质量满足要求,可以用于试验。

双阳石灰技术指标　　表 6.6

材　料	(CaO + MgO)	(CaO + MgO)(%)			试验结果
	测定值(%)	Ⅰ级	Ⅱ级	Ⅲ级	
双阳消石灰	61.9	≥65	≥60	≥55	Ⅱ级石灰

②粉煤灰。试验中选用的粉煤灰取自一汽,其各项性能指标如表 6.7 所示。

一汽粉煤灰性能指标　　表 6.7

材料	SiO_2 (%)	Fe_2O_3 (%)	Al_2O_3 (%)	CaO (%)	MgO (%)	烧失量 (%)	筛孔通过率(%)	
							0.3mm	0.075mm
一汽粉煤灰	58.3	3.7	18.4	4.0	2.8	7.1	96	82

一汽粉煤灰中 SiO_2、Fe_2O_3 和 Al_2O_3 的总含量为 80.4%,烧失量和细度也均满足《公路路面基层施工技术规范》(JTJ 034—2000)对粉煤灰材料的指标要求,可以用于试验。

③煤矸石。试验中选用的煤矸石为辽源、道清、湾沟和九台四地煤矸石,其中辽源、湾沟和九台煤矸石为已燃,道清煤矸石为未燃。

(4)混合料的配合比优化

按照试验方案确定的配合比对不同产地不同配比的煤矸石基层混合料进行击实试验,分别确定最大干密度和最佳含水率,试验结果见表 6.8。

二灰稳定煤矸石基层击实试验结果

表 6.8

试验编号	辽源		道清		湾沟		九台	
	干密度（g/cm^3）	含水率（%）	干密度（g/cm^3）	含水率（%）	干密度（g/cm^3）	含水率（%）	干密度（g/cm^3）	含水率（%）
1	1.72	14.8	1.97	9.2	1.82	14.4	1.76	13.8
2	1.73	14.7	2.03	9.0	1.86	14.4	1.79	14.0
3	1.74	14.7	2.05	8.9	1.78	14.2	1.79	14.4
4	1.71	14.4	1.96	9.8	1.80	14.6	1.72	15.5
5	1.70	14.5	1.98	8.9	1.82	14.0	1.69	15.3
6	1.74	14.4	2.02	9.0	1.78	14.4	1.74	14.8
7	1.69	14.9	2.00	9.5	1.88	14.7	1.74	15.0
8	1.74	14.8	2.01	8.7	1.84	14.3	1.78	14.0
9	1.77	14.0	1.99	9.2	1.80	14.5	1.77	14.6

以击实试验确定的最大干密度和最佳含水率成型试件，测定不同配合比煤矸石基层材料的7d、28d无侧限抗压强度，通过分析试验结果确定不同产地煤矸石基层混合料的合理配合比。不同配合比煤矸石基层材料的7d、28d无侧限抗压强度试验结果见表6.9。

二灰稳定煤矸石基层无侧限抗压强度试验结果

表 6.9

试验编号	辽源		道清		湾沟		九台	
	7d 龄期（MPa）	28d 龄期（MPa）	7d 龄期（MPa）	28d 龄期（MPa）	7d 龄期（MPa）	28d 龄期（MPa）	7d 龄期（MPa）	28d 龄期（MPa）
1	1.08	2.6	0.94	2.44	0.90	1.64	0.86	1.55
2	1.16	3.3	0.96	2.64	0.92	1.72	0.84	1.62
3	1.29	2.8	1.01	2.93	0.92	1.68	0.90	1.69
4	1.35	3.4	1.00	2.96	0.97	1.88	1.10	1.80
5	1.71	3.8	0.82	2.30	1.02	1.94	1.08	1.72
6	1.04	2.4	0.49	1.44	0.88	1.56	0.98	1.70
7	1.34	2.9	0.89	2.58	0.92	1.76	0.82	1.66
8	1.34	2.8	0.98	2.77	0.81	1.62	0.79	1.48
9	1.47	3.3	0.56	1.96	0.84	1.58	0.86	1.60

分别采用极差法和功效系数法对二灰稳定煤矸石基层混合料的正交试验结果进行分析，确定不同产地煤矸石基层混合料的合理配合比。极差法和功效系数法分析结果见表6.10和表6.11。

二灰稳定煤矸石基层抗压强度极差分析结果 表6.10

煤矸石	因素	7d抗压强度			28d抗压强度		
		A 石灰:粉煤灰	B 二灰:煤矸石	C 煤矸石级配	A 石灰:粉煤灰	B 二灰:煤矸石	C 煤矸石级配
辽源	$K1$	3.53	3.77	3.46	8.70	8.90	7.80
	$K2$	4.10	4.21	3.98	9.60	9.90	10.00
	$K3$	4.15	3.80	4.34	9.00	8.50	9.50
	R	0.62	0.44	0.88	0.90	1.40	2.20
道清	$K1$	2.91	2.83	2.41	8.01	7.98	6.65
	$K2$	2.31	2.76	2.52	6.70	7.71	7.65
	$K3$	2.43	2.06	2.72	7.31	6.33	7.81
	R	0.60	0.77	0.31	1.31	1.65	1.16
湾沟	$K1$	2.74	2.79	2.59	5.04	5.28	4.82
	$K2$	2.87	2.75	2.73	5.38	5.28	5.18
	$K3$	2.57	2.64	2.86	4.96	4.82	5.38
	R	0.30	0.15	0.27	0.42	0.46	0.56
九台	$K1$	2.60	2.78	2.63	4.86	5.01	4.73
	$K2$	3.16	2.71	2.80	5.22	4.82	5.02
	$K3$	2.47	2.74	2.80	4.74	4.99	5.07
	R	0.69	0.07	0.17	0.48	0.19	0.34

二灰稳定煤矸石基层抗压强度功效系数分析结果 表6.11

试验编号	总功效系数 d			
	辽源	道清	湾沟	九台
1	0.66	0.88	0.86	0.82
2	0.77	0.92	0.89	0.83
3	0.75	0.99	0.88	0.88
4	0.84	1.00	0.96	1.00
5	1.00	0.79	1.00	0.97
6	0.62	0.49	0.83	0.92
7	0.77	0.88	0.90	0.83
8	0.76	0.95	0.81	0.77
9	0.86	0.61	0.82	0.83

通过对二灰稳定不同产地煤矸石基层的7d和28d无侧限抗压强度试验结果进行极差分析和功效系数分析,综合考虑确定二灰稳定辽源煤矸石的最优配合比为石灰:粉煤灰:煤矸石=5:15:80,煤矸石采用中值级配;二灰稳定道清煤矸石的两种最优配合比为石灰:粉煤灰:煤矸石=8:17:75和石灰:粉煤灰:煤矸石=8:22:70,煤矸石均采用中值级配;二灰稳定湾沟煤矸石的最优配合比为石灰:粉煤灰:煤矸石=8:22:70,煤矸石采用规范级配;二灰稳定九台煤矸石

的最优配合比为石灰:粉煤灰:煤矸石 =8:22:70,煤矸石采用规范级配。各种材料的配合比见表6.12。

优化后二灰稳定煤矸石基层配合比　　表6.12

稳定类型	煤矸石产地	石灰:粉煤灰:煤矸石	煤矸石级配(细:中:粗)
二灰稳定	辽源	5:15:80	中值(27:40:33)
	道清	8:22:70	中值(25:48:27)
		8:17:75	
	湾沟	8:22:70	规范(40:40:20)
	九台	8:22:70	规范(40:40:20)

在优化后的各不同产地煤矸石基层材料配合比基础上,进一步研究二灰稳定煤矸石基层混合料的长期强度、抗冻性能、抗冲刷性能和收缩性能等耐久性能。

6.2.3　水泥稳定煤矸石基层混合料配合比优化

水泥稳定煤矸石基层是用水泥和煤矸石按一定配比,加水拌和、摊铺、碾压及养生而成型的基层。混合料的配比组成可以参照《公路路面基层施工技术细则》(JTG/T F20—2015)中水泥稳定土的相关规定。

(1)规范对水泥稳定土混合料的要求

《公路路面基层施工技术细则》(JTG/T F20—2015)中对各级公路用水泥稳定土的7d浸水抗压强度做出了规定,结合吉林省地方标准《寒区公路工程煤矸石应用技术指南》(DB 22/T 2062—2014),确定水泥稳定煤矸石材料7d龄期无侧限抗压强度标准,见表6.13。

水泥稳定煤矸石7d龄期无侧限抗压强度标准(MPa)　　表6.13

层位	公路等级	极重、特重交通	重交通	中、轻交通
基层	高速公路和一级公路	—	4.0~6.0	3.0~3.5
	二级及二级以下公路	4.0~6.0	3.0~5.0	2.0~4.0
底基层	高速公路和一级公路	3.0~5.0	2.5~4.5	2.0~4.0
	二级及二级以下公路	2.5~4.5	2.0~4.0	1.0~3.0

(2)试验方案

影响水泥稳定煤矸石基层配合比的主要因素为:水泥与煤矸石的比例和煤矸石材料的级配。由于影响因素较少,试验组数不多,可以采用"全面试验法"考察所有因素对试验结果的影响,从而确定最佳配合比。根据《公路路面基层施工技术规范》(JTJ 034—2000)给出的水泥稳定土基层的水泥剂量范围,确定了水泥稳定煤矸石基层水泥与煤矸石的比例。

与二灰稳定煤矸石基层材料相同,以19mm和4.75mm为界将粒径小于37.5mm的煤矸石材料划分为粗料、中料和细料。参照《公路路面基层施工技术规范》中水泥稳定土的颗粒组成范围,选取规范级配细料:中料:粗料 =44:28:28作为煤矸石级配水平;根据对不同产地煤矸石材料筛分的试验结果选定天然级配作为煤矸石级配的水平,其中辽源煤矸石天然级配为14:40:46,道清煤矸石天然级配为10:56:34,湾沟煤矸石天然级配为8:54:38,九台煤矸石天然级配为20:36:44;分别计算不同煤矸石天然级配和规范级配的中值级配作为煤矸石级配的水平。试验用煤矸石材料的级配见表6.14。

试验用煤矸石材料级配 表6.14

煤矸石产地及级配		通过率(%)						
		2.36mm	4.75mm	9.5mm	13.2mm	19mm	26.5mm	37.5mm
辽源	天然	8	14	22	42	54	74	100
	中值	15	29	38	53	63	80	100
	规范	22	44	54	64	72	86	100
道清	天然	6	10	30	48	66	88	100
	中值	14	27	42	56	69	87	100
	规范	22	44	54	64	72	86	100
湾沟	天然	4	8	28	42	62	82	100
	中值	13	26	41	53	67	84	100
	规范	22	44	54	64	72	86	100
九台	天然	12	20	30	42	56	78	100
	中值	17	32	42	53	64	82	100
	规范	22	44	54	64	72	86	100

通过上述分析,确定水泥稳定煤矸石基层配合比试验方案见表6.15。

水泥稳定煤矸石基层配合比试验方案 表6.15

试验编号	1	2	3	4	5	6	7	8	9
水泥:煤矸石	3:97			5:95			7:93		
煤矸石级配	天然	中值	规范	中值	规范	天然	规范	天然	中值

(3)原材料性质

①水泥。试验选用双阳亚泰普通硅酸盐水泥,标号为32.5,其各项性能指标见表6.16。

双阳亚泰普通硅酸盐水泥各项性能指标 表6.16

检测项目	细度(%)	安定性	凝结时间(min)		抗折强度(MPa)		抗压强度(MPa)	
			初凝	终凝	3d	28d	3d	28d
实测值	1.5	合格	170	225	4.6	6.8	18.6	38.7
要求值	≤10.0	—	≥45	≤600	2.5	5.5	11.0	32.5

双阳亚泰普通硅酸盐水泥各项性能指标都符合技术要求,可以用于试验。

②煤矸石。试验中选用的煤矸石为辽源、道清、湾沟和九台四地煤矸石,其中辽源、湾沟和九台煤矸石为已燃,道清煤矸石为未燃。

(4)混合料的配合比优化

按照试验方案确定的配合比对不同产地不同配比的煤矸石基层混合料进行击实试验,分别确定最大干密度和最佳含水率,试验结果见表6.17。

水泥稳定煤矸石基层击实试验结果　　表6.17

试验编号	辽源		道清		湾沟		九台	
	干密度(g/cm³)	含水率(%)	干密度(g/cm³)	含水率(%)	干密度(g/cm³)	含水率(%)	干密度(g/cm³)	含水率(%)
1	1.89	12.5	2.26	5.3	1.98	12.1	1.96	11.2
2	1.93	11.7	2.25	5.4	1.95	11.8	1.92	12.0
3	1.90	12.0	2.28	5.7	1.93	11.2	1.89	12.0
4	1.90	12.5	2.28	5.3	1.91	11.4	1.95	11.5
5	1.90	12.1	2.26	5.1	1.94	11.2	1.92	11.4
6	1.90	11.5	2.29	5.6	1.96	11.6	1.94	11.8
7	1.93	12.4	2.27	5.4	2.01	11.8	1.90	12.4
8	1.89	12.2	2.26	5.6	1.92	12.4	1.94	10.8
9	1.89	13.0	2.24	5.2	1.96	11.5	1.96	11.0

以击实试验确定的最大干密度和最佳含水率成型试件，测定不同配合比煤矸石基层材料的7d、28d无侧限抗压强度，通过分析试验结果确定不同产地煤矸石基层混合料的合理配合比。不同配合比煤矸石基层材料的7d、28d无侧限抗压强度试验结果见表6.18。

水泥稳定煤矸石基层无侧限抗压强度试验结果　　表6.18

试验编号	辽源		道清		湾沟		九台	
	7d龄期(MPa)	28d龄期(MPa)	7d龄期(MPa)	28d龄期(MPa)	7d龄期(MPa)	28d龄期(MPa)	7d龄期(MPa)	28d龄期(MPa)
1	1.4	2.3	1.8	2.3	1.9	2.7	2.2	2.9
2	2.2	2.9	2.2	2.9	2.1	3.3	2.1	3.4
3	2.6	3.8	2.5	3.8	2.5	3.8	2.4	3.3
4	2.9	4.3	2.3	3.7	2.8	3.6	3.2	4.4
5	3.1	5.1	3.3	4.5	3.2	4.4	3.2	4.8
6	2.4	3.1	2.2	3.1	2.5	3.1	2.7	5.0
7	3.3	5.0	3.6	4.5	3.7	5.3	3.6	5.3
8	2.9	4.1	2.4	3.8	3.0	4.2	3.5	4.9
9	3.2	3.9	2.6	3.2	3.0	3.9	3.9	5.0

通过对水泥稳定不同产地煤矸石基层的7d和28d无侧限抗压强度试验结果进行分析，第7组为最优配合比，但是7d强度满足规范对基层强度要求的配合比均可应用于实际工程中，同时水泥用量过大会对煤矸石基层材料的收缩性能产生影响，因此，经综合分析后确定水泥稳定煤矸石基层的最优配合比为水泥:煤矸石=5:95，辽源和道清煤矸石宜采用中值级配，湾沟和九台煤矸石宜采用规范级配。各种材料的配合比如表6.19所示。

优化后水泥稳定煤矸石基层配合比　　表 6.19

稳定类型	煤矸石产地	水泥:煤矸石	煤矸石级配(细:中:粗)
水泥稳定	辽源	5:95	中值(29:34:37)
	道清	5:95	中值(27:42:31)
	湾沟	5:95	规范(44:28:28)
	九台	5:95	规范(44:28:28)

在优化后的各不同产地煤矸石基层材料配合比基础上,进一步研究水泥稳定煤矸石基层混合料的长期强度、抗冻性能、抗冲刷性能和收缩性能等耐久性能。

6.3　煤矸石半刚性基层材料路用性能

在对煤矸石半刚性基层混合料配合比优化的基础上,通过室内试验对优化配合比的无机结合料稳定煤矸石基层材料的力学性能、变形性能、抗冻性能、抗冲刷性能和收缩性能进行分析,研究煤矸石半刚性基层材料的耐久性能。

6.3.1　力学性能

(1)无侧限抗压强度

将煤矸石材料用在路面结构基层中必须满足一定的强度和刚度要求才能保证路面结构不发生破坏。参照《公路工程无机结合料稳定材料试验规程》(JTG E51—2009)中无机结合料稳定土的无侧限抗压强度试验方法对无机结合料稳定煤矸石基层混合料进行无侧限抗压强度试验,分析煤矸石基层材料的抗压强度,如图 6.1 所示。

图 6.1　无侧限抗压强度试验

对不同龄期二灰稳定和水泥稳定煤矸石半刚性基层材料进行无侧限抗压强度试验,结果如表 6.20、表 6.21,图 6.2、图 6.3 所示。

二灰稳定煤矸石基层无侧限抗压强度试验结果　　表6.20

产地	配合比	无侧限抗压强度及偏差系数							
		7d 龄期		28d 龄期		90d 龄期		180d 龄期	
		(MPa)	(%)	(MPa)	(%)	(MPa)	(%)	(MPa)	(%)
辽源	5:15:80	1.36	14.2	2.92	11.8	4.60	14.4	5.19	12.9
道清	8:22:70	1.19	14.6	3.27	14.5	4.34	13.7	5.20	13.7
	8:17:75	0.95	13.1	2.76	11.2	4.07	9.6	4.92	13.7
湾沟	8:22:70	0.99	15.0	1.92	14.7	2.66	14.7	2.96	11.6
九台	8:22:70	0.92	12.7	1.87	13.1	2.89	13.6	3.45	14.5

水泥稳定煤矸石基层无侧限抗压强度试验结果　　表6.21

产地	配合比	无侧限抗压强度及偏差系数							
		7d 龄期		28d 龄期		90d 龄期		180d 龄期	
		(MPa)	(%)	(MPa)	(%)	(MPa)	(%)	(MPa)	(%)
辽源	5:95	2.23	11.5	3.40	12.5	4.27	12.4	5.42	11.8
道清	5:95	2.21	13.2	2.97	13.1	3.67	14.4	4.96	14.6
湾沟	5:95	2.89	12.8	3.06	12.4	4.66	10.2	5.88	13.0
九台	5:95	2.76	14.4	3.47	11.9	4.58	12.2	5.48	14.0

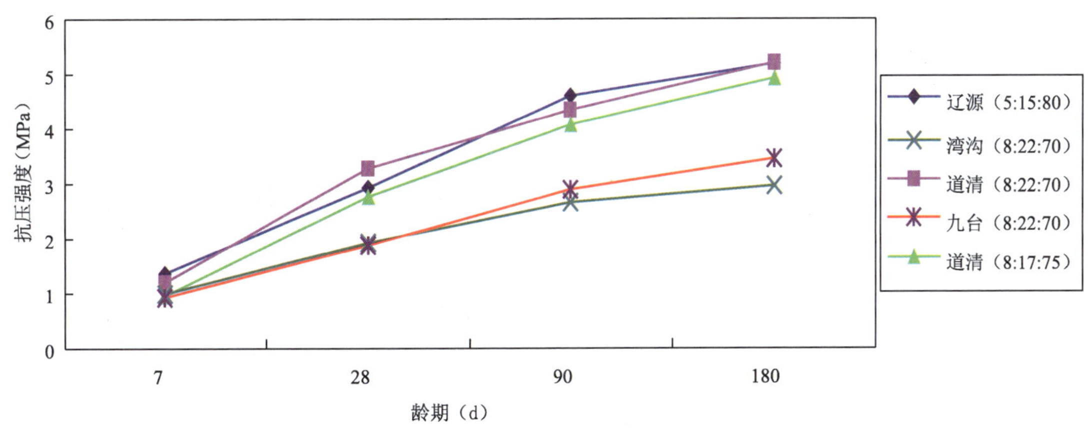

图6.2　二灰稳定煤矸石基层抗压强度结果分析

从图6.2可以看出，随着龄期的增加，二灰稳定煤矸石基层混合料的无侧限抗压强度不断增加。四种煤矸石基层中道清煤矸石(8:22:70)的7d无侧限抗压强度较高，且后期强度较大，满足基层施工规范对二灰稳定类材料强度的要求，可以应用于高速公路和一级公路的基层；辽源煤矸石7d无侧限抗压强度较高，但该煤矸石属于二级，建议应用在二级及二级以下公路的基层；九台和湾沟煤矸石的无侧限抗压强度相对较小，推荐应用于二级及二级以下公路的基层。

从图6.3可以看出，随着龄期的增加，水泥稳定煤矸石基层混合料的无侧限抗压强度不断增加。四种不同配合比的煤矸石基层中九台和湾沟的7d无侧限抗压强度较大，可应用于二级及二级以下公路的基层;道清和辽源煤矸石的 7d 无侧限抗压强度较小,推荐应用于二级及二级以下公路的底基层。

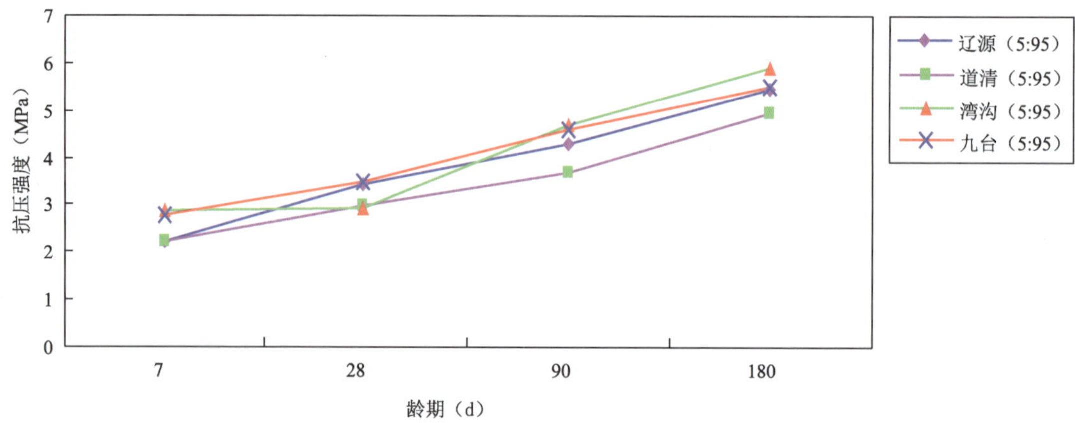

图 6.3　水泥稳定煤矸石基层抗压强度结果分析

从二灰稳定和水泥稳定四种煤矸石的试验结果可以看出,辽源煤矸石采用二灰稳定具有较高的强度,而采用水泥稳定强度相对较低,因此,在应用煤矸石之前应进行系统试验,确定不同产地煤矸石的合理稳定形式。

(2)劈裂强度

抗拉强度可以采用直接拉伸试验或间接拉伸试验,间接拉伸试验(即劈裂试验)在切向受拉应力的同时径向受压,其受力状态较之单向受拉的直接拉伸更接近于实际路面结构,因此,劈裂试验在实际工程中应用广泛,如图 6.4 所示。

图 6.4　煤矸石试件劈裂试验

对二灰稳定和水泥稳定煤矸石基层材料 28d 龄期劈裂强度进行试验,结果见表 6.22。

煤矸石基层劈裂强度试验结果　　表 6.22

煤矸石产地	二灰稳定煤矸石			水泥稳定煤矸石		
	配合比	劈裂强度(MPa)	偏差系数(%)	配合比	劈裂强度(MPa)	偏差系数(%)
辽源	5:15:80	0.24	13.8	5:95	0.39	11.6

续上表

煤矸石产地	二灰稳定煤矸石			水泥稳定煤矸石		
	配合比	劈裂强度(MPa)	偏差系数(%)	配合比	劈裂强度(MPa)	偏差系数(%)
道清	8:22:70	0.28	13.9	5:95	0.52	14.6
	8:17:75	0.26	12.9			
湾沟	8:22:70	0.24	14.8	5:95	0.50	11.2
九台	8:22:70	0.22	14.5	5:95	0.47	13.4

从表6.22中可以看出，未燃煤矸石劈裂强度高于已燃煤矸石；二灰稳定煤矸石基层的劈裂强度较水泥稳定煤矸石基层的劈裂强度小；同龄期二灰稳定碎石基层的劈裂强度约为0.22MPa，同龄期水泥稳定碎石基层的劈裂强度约为0.4MPa，与无机结合料稳定碎石基层材料的劈裂强度相比，煤矸石基层材料的劈裂强度与其相当或略高，说明煤矸石半刚性基层材料具有良好的抗拉性能。

6.3.2 变形性能

路面结构层在车轮荷载作用下的应力、应变和位移量不仅与荷载的量级有关，还取决于路面材料的应力—应变特性。无机结合料稳定煤矸石基层材料的应力—应变特性可以采用回弹模量来表征。

对水泥稳定煤矸石基层材料成型试件，标准养生90d后进行回弹模量试验(图6.5)，结果如表6.23所示。

图6.5 煤矸石基层回弹模量试验

水泥稳定煤矸石基层材料回弹模量试验结果　　表6.23

煤矸石配合比	辽源(5:95)	道清(5:95)	湾沟(5:95)	九台(5:95)
回弹模量(MPa)	647	954	452	576
偏差系数(%)	18.68	19.91	19.09	17.92

从表6.23中的试验数据可以看出，煤矸石基层材料的回弹模量试验数据虽然具有较大的离散性，但是能够满足《公路工程无机结合料稳定材料试验规程》中对回弹模量试件数量及偏差系数的要求；试验结果中未燃煤矸石基层的回弹模量较已燃煤矸石基层的回弹模量大，与同龄期水泥稳定碎石基层材料的回弹模量相比偏小，采用煤矸石半刚性基层材料时通过计算确定煤矸石基层的合理厚度。

6.3.3　抗冻性能

在寒冷地区应用煤矸石基层要求其具有足够的抗冻性能。尤其在寒冷潮湿路段上，路面基层或底基层内有可能产生聚冰带，春融期基层材料的强度会明显下降，导致路面整体承载能力下降，甚至出现破坏。因此，在寒冷地区修筑的无机结合料稳定煤矸石基层材料要具有良好的抗冻性能。参照《公路沥青路面设计规范》(JTG D50—2006)附录中半刚性基层材料抗冻性试验方法对养生28d经5次冻融循环(图6.6)的无机结合料稳定煤矸石基层混合料试件进行无侧限抗压强度试验和劈裂强度试验，通过与冻前抗压强度和劈裂强度的比值来评价煤矸石基层的抗冻性能。

图6.6　试件冻融循环

对二灰稳定和水泥稳定煤矸石基层材料28d龄期冻融无侧限抗压强度和28d龄期冻融劈裂强度进行试验，结果如表6.24和表6.25所示。

二灰稳定煤矸石基层抗冻性能试验结果　　表6.24

煤矸石产地	配合比	强度及偏差系数				残留抗压强度
		28d抗压强度		28d冻融抗压		
		(MPa)	(%)	(MPa)	(%)	(%)
辽源	5:15:80	2.92	11.8	2.44	14.4	83.56

续上表

煤矸石产地	配合比	强度及偏差系数				残留抗压强度
		28d 抗压强度		28d 冻融抗压		
		(MPa)	(%)	(MPa)	(%)	(%)
道清	8:22:70	3.27	14.5	2.88	13.1	88.07
	8:17:75	2.76	11.2	2.37	14.2	85.87
湾沟	8:22:70	1.92	14.7	1.59	12.0	82.81
九台	8:22:70	1.87	13.1	1.62	13.8	86.83

水泥稳定煤矸石基层抗冻性能试验结果　　表6.25

煤矸石产地	配合比	28d 抗压强度 (MPa)	28d 冻融抗压 (MPa)	残留抗压强度 (%)	28d 劈裂强度 (MPa)	28d 冻融劈裂 (MPa)	残留劈裂强度 (%)
辽源	5:95	3.40	2.88	84.7	0.39	0.29	74.4
道清	5:95	2.97	2.60	87.7	0.52	0.37	71.2
湾沟	5:95	2.93	2.13	72.6	0.50	0.44	88.0
九台	5:95	3.47	2.78	80.1	0.47	0.36	76.6

《公路沥青路面设计规范》(JTG D50—2006)对石灰粉煤灰稳定类材料抗冻性能提出了要求,在重冻区要求残留抗压强度比不小于70%。从表6.24可以看出,二灰稳定煤矸石基层材料试件经5次冻融后仍具有较高的抗压强度,其残留抗压强度均在80%以上,说明二灰稳定煤矸石基层混合料具有足够的冻稳性。

参照《公路沥青路面设计规范》(JTG D50—2006)对石灰粉煤灰稳定类材料抗冻性能提出的要求,从表6.25的试验结果可以看出,经5次冻融循环后的水泥稳定煤矸石基层材料试件的抗冻性能较好,可以应用于寒冷地区公路基层中。

6.3.4　抗冲刷性能

无论是沥青路面还是水泥混凝土路面,在面层出现裂缝后,都不可避免地有水分渗入路面结构层。下渗的水分往往不能及时排出,在裂缝中以自由水的形式存在,导致裂缝附近的基层材料过于潮湿。在行车荷载的作用下,路面结构层内或基层材料中的自由水会产生相当大的动水压力,使基层材料中的细料受到冲刷。在行车荷载反复作用下,细料浆被逐渐挤压出裂缝,形成面层裂缝处的唧浆现象。一旦基层材料产生冲刷,将导致面层与基层之间形成脱空现象,加速公路的破坏,影响其正常使用性能。因此,应对煤矸石基层的抗冲刷性能进行试验研究。

目前半刚性基层材料的抗冲刷性能试验并没有形成统一的试验规程,采用长安大学硕士学位论文《半刚性基层材料抗冲刷性能试验研究》中提出的试验装置和试验方法对煤矸石半刚性基层材料进行冲刷试验,分析其抗冲刷性能。

(1)试验设备

图6.7　冲刷试验机

冲刷筒、冲刷试验机(图6.7)、方孔筛、击锤和导管、拌和工具、刮土刀、烘箱、试模(ϕ150mm × 150mm)、脱模器、量筒、台秤、水槽、养生室等。

(2)试验步骤

①试验试件的制备与无侧限抗压强度相同,为保证冲刷试验的准确性,成型4个平行试件。

②试件脱模称重后,采用塑料袋包覆,并立即放入养生室进行养生。养生时间为90d。养生期结束前一天将试件在室温下饱水24h。

③将浸水一昼夜的试件从水中取出,用软布吸去试件表面的可见自由水,并称量试件的重量。

④将准备好的试件放入冲刷筒内,通过专用夹具将试件固定在筒底面。为保护试件免受夹具的损伤,在试件与夹具间沿着径向垫一层胶皮垫,然后将装有试件的冲刷筒固定在冲刷试验机试验装置上。

⑤向筒内注入清水,水面应高于试件顶面5mm。设置冲刷试验机的施力状态,冲击力大小为0.5MPa,冲刷作用的频率为10Hz,冲刷时间为30min。

⑥冲刷完成后,将冲刷筒从冲刷机底板上卸下,把筒中浑浊的水连同冲刷物小心地倒入金属盆中进行沉淀12h后,将盆中上部的清水小心地倒出,剩下的沉淀物放入烘箱中烘干,然后称重,得到30min的累计冲刷量、试验冲刷筒及冲刷沉淀物,如图6.8所示。

图6.8　试验冲刷筒及冲刷沉淀物

⑦试验数据处理。将平行试件的试验结果取平均值作为最终结果。

(3)试验结果及分析

对煤矸石半刚性基层材料进行冲刷试验,水泥稳定煤矸石基层材料30min累计冲刷量如表6.26所示。

水泥稳定煤矸石基层材料冲刷试验结果　　表6.26

煤矸石产地		辽源(5:95)	道清(5:95)	湾沟(5:95)
30min 累计冲刷量(g)	试件1	33.15	10.63	11.97
	试件2	15.08	24.54	16.08
	试件3	19.58	13.07	8.99
	试件4	22.63	11.89	14.12
	平均值	22.61	15.03	12.79

水泥稳定煤矸石试件冲刷试验中,辽源煤矸石冲刷30min后,边角破坏较严重,冲刷物中有较多粗集料,抗冲刷性能差。道清和湾沟煤矸石抗冲刷性能较好,冲刷30min后,整体性保持较好,冲刷物几乎全部为细料。

二灰稳定煤矸石基层材料30min累计冲刷量如表6.27所示,冲刷后情形如图6.9～图6.12所示。

二灰稳定煤矸石基层材料冲刷试验结果　　表6.27

煤矸石产地		辽源(5:15:80)	道清(8:22:70)	道清(8:17:75)	湾沟(8:22:70)
30min 累计冲刷量(g)	试件1	—	71.98	247.00	283.46
	试件2	—	29.95	318.94	360.56
	试件3	—	50.11	271.18	315.21
	试件4	—	46.78	324.76	396.54
	平均值	试件严重破坏	49.71	290.47	339.94

图6.9　二灰辽源煤矸石冲刷破坏情形

图6.10　二灰湾沟煤矸石冲刷后情形

由图6.9～图6.12可知,二灰稳定煤矸石试件冲刷中,辽源煤矸石经不起冲刷,在10min内就被完全冲垮。湾沟煤矸石在冲刷15min后,破坏严重,有大约2/5被损坏掉,无法进行后15min的冲刷。道清(8:17:75)煤矸石冲刷30min后,破坏程度好于湾沟煤矸石。道清(8:22:70)煤矸石抗冲刷性能最好,冲刷30min后只是边角出现局部破坏。

试验结果分析:

图6.11 二灰道清(8:22:70)煤矸石冲刷后

图6.12 二灰道清(8:17:75)煤矸石冲刷后

①水泥稳定煤矸石试件的冲刷性能明显优于二灰稳定煤矸石试件。水泥稳定基层材料90d无侧限抗压强度高于二灰稳定基层材料，在集料一定的情况下，由于水泥石的强度较高，颗粒之间的黏附力较大，结构稳定，宏观上表现出具有较好的抗冲刷能力。二灰稳定基层材料中，在荷载和水的双重作用下，前15min的冲刷使材料产生结构性破坏，整体性损失严重，冲刷物中有较大颗粒，使后15min的冲刷量明显增多。

②道清和湾沟煤矸石的抗冲刷能力较好，辽源煤矸石较差。前两者的压碎值分别为21.3、26.5，明显小于辽源的压碎值32.6，当压碎值较大时，在荷载的作用下粗颗粒容易被压碎，表面没有结合料浆体裹覆，容易在冲刷过程中被冲掉，质量损失较大。

③二灰稳定道清煤矸石基层混合料，二灰比为8:22的抗冲刷性要优于8:17，即随着结合料的增加，火山灰反应较充分，生成的水化胶凝产物也较多，集料之间黏聚力增强，抗冲刷能力提高。由此可见，不同配合比煤矸石基层材料的水损害存在差异，在半刚性基层易受到水冲刷的地段进行配合比设计时，应当考虑材料的抗冲刷性能。

6.3.5 收缩性能

作为半刚性基层的一种，煤矸石基层同样存在着脆性大、抗变形能力差等缺点，在温湿度变化及荷载的作用下易产生开裂，形成路面反射裂缝。通常情况下因含水率减小而引起的干燥收缩和因温度降低而引起的温度收缩的综合作用导致了道路基层的开裂破坏，引起路面非荷载型裂缝的产生。对半刚性基层材料的收缩性能没有形成统一的试验规程，目前在进行材料收缩系数测定时主要采用下面三种方法：支架法、振弦传感器测量方法和电阻应变片测试方法。

①支架法。该方法主要用于测定材料成型初期的干缩性质，利用千分表架在三角支架上测定刚成型试件的干缩量，测定其早期试件水分散失与干缩量的关系，适用于对刚刚完成成型不久的半刚性材料试件进行干缩试验。其试验设备简单，但试验受环境影响较大，得到的数据不方便进行统计，试验偏差大。另外，该方法不适合对试件的温缩变形进行量测，因而其干缩结果也无法跟同类试件的温缩结果进行对比。

②振弦传感器测量方法。振弦式传感器测试原理源于20世纪30年代,适用于应变测量系统。它利用振弦的固有频率同振弦受力之间的对应关系进行测量,可以达到比较高的准确度。振弦式传感器输出的是频率信号,抗干扰能力强,可获得非常理想的测试效果,具有优良的重复性、稳定性和很高的灵敏度,其技术特点非常适用于土木结构物等工作环境恶劣而技术要求又很高的安全监测环境。其不足之处在于:因为振弦式传感器过高的灵敏度,使得试验中会产生细微的人为误差,如试件如果没有对中,标准杆没有在同一轴线上,就会产生扭曲应力的影响,而这些影响也会直接在收集装置的面板上反映出来,而该因素造成的误差不易排除。

③电阻应变片测试方法。在半刚性基层材料的收缩试验中,电测是对材料进行室内收缩量测比较常用的一种方法,这种方法指的是在适当龄期的试件上粘贴电阻应变片,放到特定的试验环境中,把材料的应变转化为电阻应变计阻值的变化,通过数据线传输的应变仪采集箱并显示出来,在此基础上得到试件的应变。本研究的收缩试验选择采用电测法进行。

(1)温度收缩

采用电阻应变片测试方法对不同产地煤矸石不同稳定形式基层材料进行温度收缩试验,分析煤矸石基层材料的温度收缩性能。

①试验设备。高低温环境箱、DH3819应变仪、应变片、方孔筛、击锤和导管、拌和工具、刮土刀、烘箱、中梁试模(100mm×100mm×400mm)、脱模器、量筒、台秤、养生室等。

②试验步骤。

a. 根据混合料的最大干密度和最佳含水率,用静压法成型三根中梁平行试件(尺寸100mm×100mm×400mm),在标准养生条件下[(20±2)℃,湿度>90%]养生28d。

b. 养生期结束的前一天,在试件两侧预定的贴片区用相应的结合料浆进行涂层以填充试件表面的孔隙或坑。

c. 放置一天后,将试件放入烘箱中烘近24h,直至试件质量没有大的变化,试件中基本没有自由水分的存在,使试验过程中尽可能排除试件内部水分散失而引起的干缩。

d. 试件放至常温后,对涂层进行打磨后在试件两侧中轴线方向紧密牢固地贴上应变片,将两个应变片串联接入应变仪,再将连接好的试样连同温度补偿片一起放入高低温环境箱中,保持试件稳定,并在每根导线上贴标签。

e. 保持环境箱恒温,工作室温度为35℃,待应变读数稳定之后,记录全部测点的应变初始读数,然后开始按照10℃的温度间隔降温,到达所需温度开始记录应变,直到应变读数稳定之后,再往下一温度降温。如此循环,直到测到所要求的最低温度-35℃为止。根据试验经验,此处设定每个降温段为10min,恒温段为2h。温度控制采用程序自动运行实现,数据通过DH3819应变仪进行采集(图6.13)。

f. 试验数据处理按照式(6-1)计算各具体时间段的温度收缩系数。

$$\beta_{ij}=\frac{\Delta\varepsilon_{ij}}{\Delta t_{ij}}+\beta_{s} \tag{6-1}$$

式中:β_{ij}——温度区间i到j的平均温度收缩系数,$\times10^{-6}$/℃;

$\Delta\varepsilon_{ij}$——温度区间i到j的平均温度收缩应变,$\times10^{-6}$;

Δt_{ij}——温度区间 i 到 j 的温度差，℃；

β_s——温度补偿标准件的温度收缩系数，石英标准补偿片温缩系数为 -0.52με/℃。

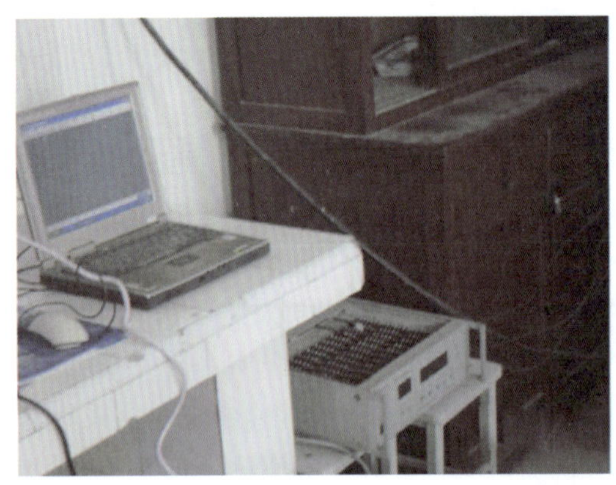

图 6.13　DH3819 应变仪及数据采集系统

③试验结果及分析。三个产地煤矸石的两种不同稳定形式基层材料的温度收缩试验结果见表 6.28。

煤矸石温度收缩试验结果　　表 6.28

煤矸石稳定类型＼温度		35℃	25℃	15℃	5℃	-5℃	-15℃	-25℃	-35℃	平均温缩系数（με/℃）
水稳辽源	温缩应变（με）	9	191	293	396	512	642	742	813	11.6
	温缩系数（με/℃）	—	18.2	10.2	10.3	11.6	13.0	10.0	7.1	
水稳道清	温缩应变（με）	3	152	286	371	474	586	681	781	11.2
	温缩系数（με/℃）	—	14.9	13.4	8.5	10.3	11.2	9.5	10.0	
水稳湾沟	温缩应变（με）	0.0	100.0	243.0	352.0	473.0	584.0	728.0	831.0	11.9
	温缩系数（με/℃）	—	10.0	14.3	10.9	12.1	11.1	14.4	10.3	
二灰辽源	温缩应变（με）	2	131	243	322	424	533	640	746	10.7
	温缩系数（με/℃）	—	12.9	11.2	7.9	10.2	10.9	10.7	10.6	
二灰道清 1	温缩应变（με）	1	145	256	371	451	555	654	739	10.6
	温缩系数（με/℃）	—	14.4	11.1	11.5	8.0	10.4	9.9	8.5	
二灰道清 2	温缩应变（με）	4	123	224	328	423	494	575	683	9.8
	温缩系数（με/℃）	—	11.9	10.1	10.4	9.5	7.1	8.1	10.8	
二灰湾沟	温缩应变（με）	0.0	135.0	234.0	346.0	453.0	556.0	672.0	764.0	10.9
	温缩系数（με/℃）	—	13.5	9.9	11.2	10.7	10.3	11.6	9.2	

从温度收缩试验结果可以看出：

不同煤矸石基层材料温缩系数具有大致相同的变化趋势，在初期平均温缩系数最大，随后明显减小；已燃煤矸石基层试件比未燃煤矸石基层温缩系数偏小。已燃煤矸石经过高温煅烧后往往含有大量的孔隙，煤矸石混合料的比表面积增大，胶结物对温缩性的影响增加，宏观上表现为温缩系数的增大；在试验的其他阶段，各试样的温缩系数随着温度的降低表现出相同的趋势，没有出现大的变化；由二灰稳定道清煤矸石两个配合比的温缩系数比较可知，当混合料的级配变细或者煤矸石含量减小时，相应试件的温缩系数增加；在低温状态下，二灰煤矸石基层与水稳煤矸石基层相比温缩系数偏小。

（2）干燥收缩

研究煤矸石基层材料的干缩性能，对减少反射裂缝，提高路面使用寿命具有重大意义。采用电测法进行煤矸石基层材料的干燥收缩试验，分析其干燥收缩性能。

①试验设备。高低温环境箱、DH3819应变仪、应变片、方孔筛、击锤和导管、拌和工具、刮土刀、烘箱、中梁试模（100mm×100mm×400mm）、脱模器、量筒、台秤、养生室等。

②试验步骤。

a. 根据混合料的最大干密度和最佳含水率，用静压法成型三根中梁平行试件（尺寸100mm×100mm×400mm），两根用于应变平行测试，一根用于含水率测定。成型后立即用塑料袋包裹并在标准养生条件下[（20±2）℃，湿度>90%]养生7d。试件养生1~2d后，将用于应变测定的试件上的塑料袋暂时去掉，在试件两个对应侧面上预定的贴片区用相应的结合料浆涂层，然后重新包裹试件。

b. 养生完毕后，对涂层进行打磨，打磨的标准是：涂层能够填充试件表面的孔隙或坑槽，但不能成层。然后在试件两侧中轴线方向紧密牢固地贴上应变片，如图6.14所示。

图6.14　干燥收缩试件及粘贴应变片

c. 将两个应变片串联接入应变仪，再将连接好的试样连同温度补偿片一起放入设定温度为40℃的环境箱中，保持试件稳定，并在每根导线上贴标签。

d. 打开环境箱的蒸发孔和排气扇，平衡应变仪各测试通道，开始数据采集。试验测量时间为24h，应变数据由DH3819应变仪自动定时采集，含水率数据即未贴应变片试件的重量测定试件间隔为2h。

e. 将试件从环境箱中取出，将未贴应变片的试件在150℃左右温度下烘干，称取烘干试件重量，计算不同时间间隔下试件的含水率。

f. 试验数据处理。按式（6-2）计算某一具体含水率区间的干燥收缩系数：

$$\alpha_{ij}=\frac{\Delta\varepsilon}{\Delta\omega}=\frac{\varepsilon_i-\varepsilon_j}{\omega_i-\omega_j} \tag{6-2}$$

式中：$\varepsilon_i,\varepsilon_j$——相应于两次含水率条件下测得的应变值；

ω_i,ω_j——相应于某一时间间隔前后两次测定计算的试件含水率。

③试验结果及分析。对三种煤矸石的不同稳定形式基层材料进行干燥收缩试验，结果如表6.29和表6.30所示。

二灰稳定煤矸石干燥收缩试验结果 表6.29

时间	二灰稳定煤矸石											
	辽源			湾沟			道清1			道清2		
Δt	Δω (%)	Δε (με)	α_{ij} (με/%)	Δω (%)	Δε (με)	α_{ij} (με/%)	Δω (%)	Δε (με)	α_{ij} (με/%)	Δω (%)	Δε (με)	α_{ij} (με/%)
23:00~1:00	0.989	-20	-20	0.824	-25.5	-30	0.614	-31.5	-51	0.551	-57	-103
1:00~3:00	0.773	-16.5	-21	0.559	-30	-53	0.518	-26.5	-51	0.430	-24.5	-56
3:00~5:00	0.587	-12.5	-21	0.412	-32	-77	0.355	-21	-59	0.269	-14.5	-53
5:00~7:00	0.479	-2	-4.1	0.368	-14	-38	0.355	-21.5	-60	0.296	-24	-81
7:00~9:00	0.356	-30	-84	0.294	-36.5	-124	0.286	-21	-73	0.229	-29.5	-128
9:00~11:00	0.340	-26	-76	0.235	-4.5	-19	0.205	-20.5	-100	0.175	-5.5	-31
11:00~13:00	0.325	-25.5	-78	0.235	-14.5	-61	0.164	-17.5	-106	0.161	-6	-37
13:00~15:00	0.170	-12.5	-73	0.177	-1	-5.6	0.164	-15.5	-94	0.148	-16.5	-111
15:00~17:00	0.263	-9.5	-36	0.191	-4.5	-23	0.150	-13	-86	0.094	-10.5	-111
17:00~19:00	0.170	-12.5	-73	0.132	-0.5	-3	0.150	-11	-73	0.134	-5	-37
19:00~21:00	0.201	-16.5	-82	0.177	-3	-16	0.123	-11.5	-93	0.121	-7	-57
21:00~23:00	0.170	-11	-64	0.132	-4.5	-34	0.109	-9.5	-87	0.108	-9	-83
平均α_{ij}(με/%)			-53			-41			-78			-74

水泥稳定煤矸石干燥收缩试验结果 表6.30

时间	水泥稳定煤矸石								
	辽源			道清			湾沟		
Δt	Δω (%)	Δε (με)	α_{ij} (με/%)	Δω (%)	Δε (με)	α_{ij} (με/%)	Δω (%)	Δε (με)	α_{ij} (με/%)
23:30~1:30	0.658	-80	-121	0.286	-52	-181	0.747	-63.5	-85
1:30~3:30	0.644	-44	-68	0.191	-40.5	-212	0.611	-40	-65
3:30~5:30	0.458	-30	-65	0.167	-23	-137	0.421	-22.5	-53
5:30~7:30	0.386	-38	-98	0.155	-25	-161	0.353	-31	-87
7:30~9:30	0.343	-30	-87	0.107	-23	-214	0.285	-27	-94
9:30~11:30	0.300	-27	-90	0.119	-14.5	-121	0.231	-14.5	-62
11:30~13:30	0.315	-29	-92	0.119	-21	-176	0.217	-18	-82

续上表

时间	水泥稳定煤矸石								
	辽源			道清			湾沟		
Δt	$\Delta\omega$（%）	$\Delta\varepsilon$（με）	α_{ij}（με/%）	$\Delta\omega$（%）	$\Delta\varepsilon$（με）	α_{ij}（με/%）	$\Delta\omega$（%）	$\Delta\varepsilon$（με）	α_{ij}（με/%）
13:30 ~ 15:30	0.172	-13.5	-78	0.036	-7	-194	0.122	-23.5	-192
15:30 ~ 17:30	0.215	-10	-46	0.072	-10	-138	0.136	-12	-88
17:30 ~ 19:30	0.215	-29	-134	0.084	-20	-238	0.149	-7	-46
19:30 ~ 21:30	0.186	-12	-64	0.060	-16	-266	0.122	-9.5	-77
21:30 ~ 23:30	0.186	-6	-32	0.060	-12.5	-208	0.109	-5	-45
平均 α_{ij}（με/%）			-81			-187			-81

从干燥收缩试验结果可以看出：对于同种煤矸石，用二灰稳定的基层材料的干缩系数要小于用水泥稳定的煤矸石基层材料的干缩系数；在两种无机结合料稳定的基层材料中，已燃煤矸石组成的试件的干缩系数明显小于未燃煤矸石试件；从二灰稳定道清煤矸石两个配合比的干缩结果可以看出，粗骨料含量较多时，基层材料的干缩性能略好，混合料偏粗时，最大干密度较大，集料比表面积和孔隙率减少，从而减小了表面张力、吸附水和分子间力以及层间水的作用范围，使其干缩性能略有提高。

6.3.6　煤矸石半刚性基层材料性能评价

为了分析已燃煤矸石基层混合料性能与未燃煤矸石基层混合料性能的差异，将两种不同煤矸石半刚性基层混合料的性能进行对比，如表6.31所示。

已燃、未燃煤矸石半刚性基层混合料性能对比　　表6.31

半刚性基层混合料性能	已燃煤矸石（辽源、湾沟）	未燃煤矸石（道清）
无侧限抗压强度（MPa）	7d龄期：二灰稳定：0.92 ~ 1.36， 水泥稳定：2.23 ~ 2.89； 180d龄期：二灰稳定：2.96 ~ 5.19， 水泥稳定：5.42 ~ 5.88	7d龄期：二灰稳定：0.95 ~ 1.19， 水泥稳定：2.21； 180d龄期：二灰稳定：4.92 ~ 5.19， 水泥稳定：4.96
劈裂强度（MPa）	二灰稳定28d龄期：0.22 ~ 0.24； 水泥稳定28d龄期：0.39 ~ 0.50	二灰稳定28d龄期：0.26 ~ 0.28； 水泥稳定28d龄期：0.52
回弹模量（MPa）	452 ~ 647	954
抗冻性能（%）	二灰稳定：82.81 ~ 86.83； 水泥稳定：72.69 ~ 84.70	二灰稳定：85.87 ~ 88.07； 水泥稳定：87.70
抗冲刷性能（g）	二灰稳定：339.94； 水泥稳定：12.79 ~ 22.61	二灰稳定：49.71 ~ 290.47； 水泥稳定：15.03
温度收缩（με/℃）	二灰稳定：10.7 ~ 10.9； 水泥稳定：11.6 ~ 11.9	二灰稳定：9.8 ~ 10.6； 水泥稳定：11.2
干燥收缩（με/%）	二灰稳定：41 ~ 53； 水泥稳定：81	二灰稳定：74 ~ 78； 水泥稳定：187

从表6.31中可以看出,已燃煤矸石采用水泥稳定时,长龄期强度较未燃煤矸石高;未燃煤矸石基层的劈裂强度略高于已燃煤矸石基层;未燃煤矸石基层的回弹模量高于已燃煤矸石基层,约为已燃煤矸石基层的1.5~2.1倍;采用二灰稳定时,已燃煤矸石基层的抗冻性能与未燃煤矸石相当,采用水泥稳定时,未燃煤矸石基层的抗冻性能优于已燃煤矸石;二灰稳定未燃煤矸石基层的抗冲刷性能比二灰稳定已燃煤矸石基层好,采用水泥稳定时,已燃和未燃煤矸石的抗冲刷性能相差不大;未燃煤矸石基层与已燃煤矸石基层的温度收缩性能相当;已燃煤矸石基层的干燥收缩性能较未燃煤矸石基层好。总之,已燃煤矸石和未燃煤矸石半刚性基层混合料性能各有优势,在实际应用中,要结合路段所处的水文、地质、气候条件和煤矸石材料特性选择合适的稳定形式后应用。

6.4 煤矸石半刚性基层材料微观结构分析及强度形成机理

6.4.1 微观结构分析

通过利用扫描电镜(SEM)分析煤矸石半刚性基层混合料在不同龄期下的微观形貌,进行微观结构观测分析,从而从本质上研究其强度形成机理。选取辽源和道清煤矸石分别作为已燃和未燃煤矸石的代表,用水泥和二灰进行稳定成型,在不同的养生龄期下观察其微观结构,所用设备如图6.15、图6.16所示。

图6.15 SCD005离子溅射台

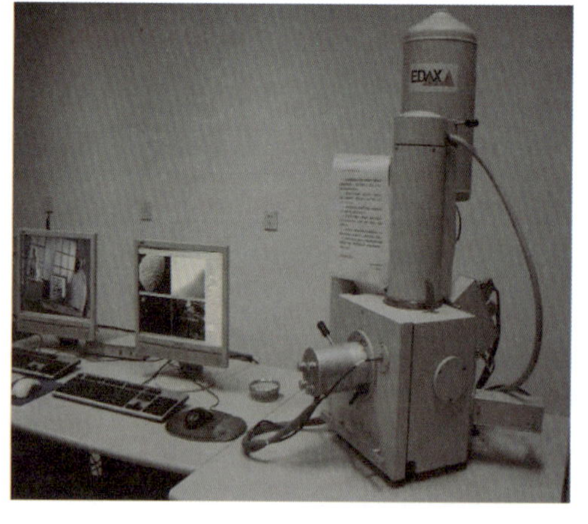

图6.16 Quanta 200环境扫描电镜

①3d龄期时,水泥稳定和二灰稳定煤矸石试件表面及内部孔洞较多,大量的火山灰活性物质SiO_2、Al_2O_3、Fe_2O_3等呈球状,同时呈球状的还有粉煤灰的中空玻璃球体。试件内部开始出现少量网状结构,这些网状结构将球状物质与其他物质联结在一起。总体来看,试件内部混合料基本呈散状,大部分没有进行反应,宏观表现为强度较低。

②7d龄期时,试件孔洞仍然较多,混合料内部疏松石灰发生水解生成石灰凝胶,这些无定形凝胶物质将碎石骨料等包覆起来,形成一个整体。宏观表现上试样的强度有显著提高。

③28d 龄期时，结合料中的活性物质发生反应，生成大量的纤维状水化硅酸盐 C-S-H 晶体、六角薄板状的 $Ca(OH)_2$ 晶体和六角板状的水化铝酸钙 C_4AH_{13} 晶体。这些晶体排列方式主要以"面—面"和"面—边"的方式联结，水化膜吸附在其表面。另外，纤维状水化硅酸盐 C-S-H晶体联结在由这些板块状晶体组成的叠聚体表面。

④90d 龄期时，大量粉煤灰中的活性物质及石灰和少量细料参与火山灰反应，生成大量无定形的凝胶物质，紧紧包覆在混合料及晶体周围。由于生成的大量的水化硅酸盐晶体、水化铝酸盐晶体和体积较大的 $CaCO_3$ 晶体的嵌挤作用，稳定材料变得比较致密，结构较均匀，内部无微裂缝，无大孔隙，成为整体均匀致密的、宏观行为表现为强度较高的稳定材料。

不同龄期煤矸石基层的微观结构如表 6.32 所示。

不同龄期煤矸石基层的微观结构　　表 6.32

龄期	辽源煤矸石		道清煤矸石	
	水泥稳定	二灰稳定	水泥稳定	二灰稳定
3d		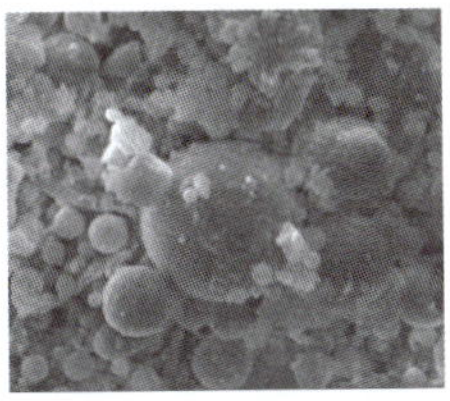	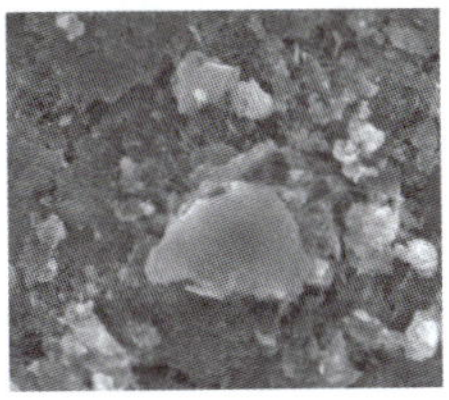	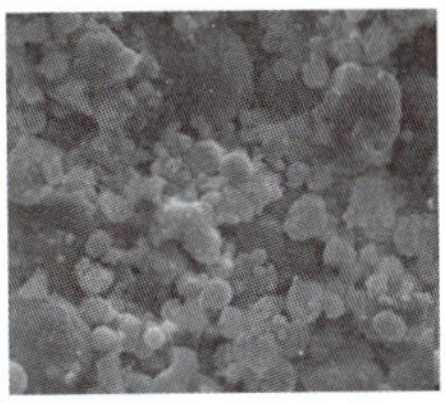
7d	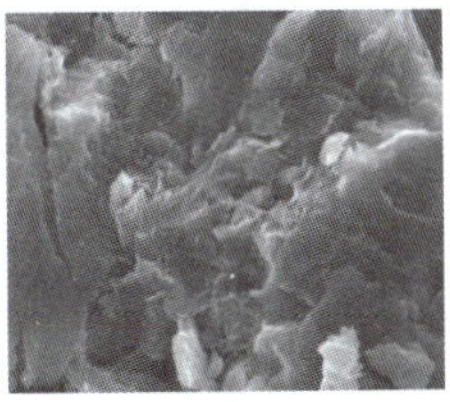	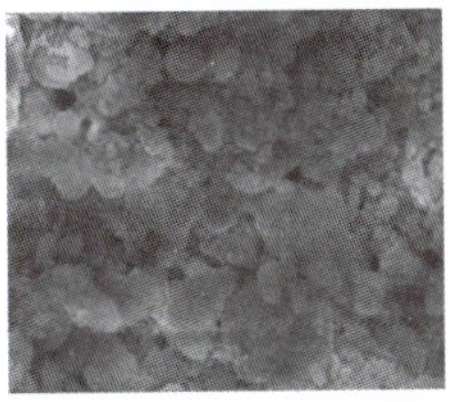		
28d	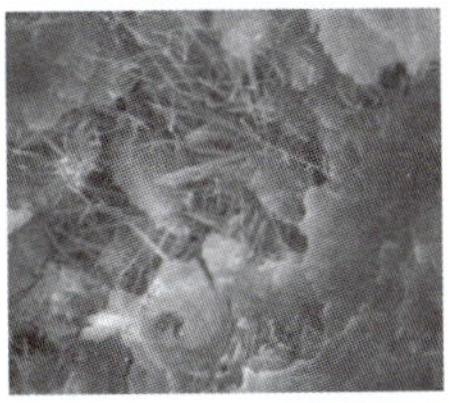	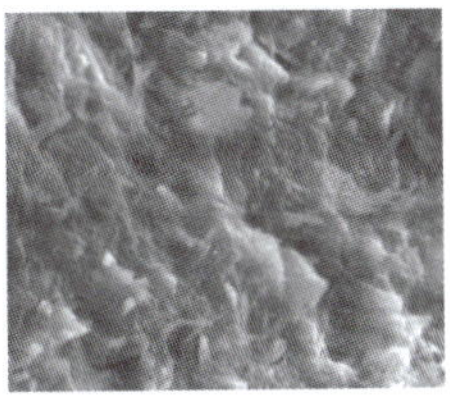	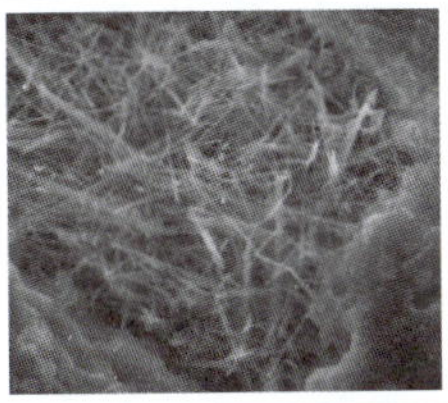	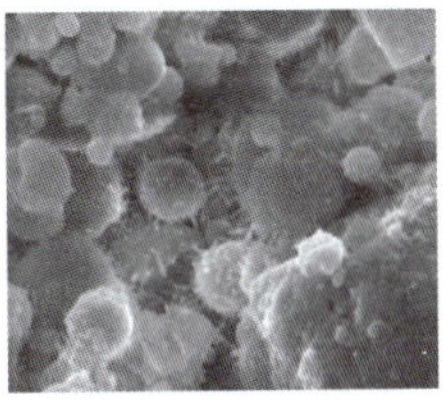
90d	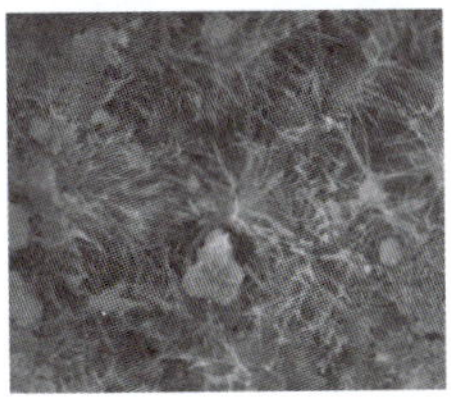	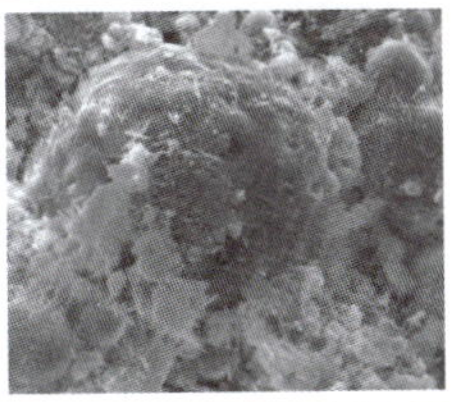	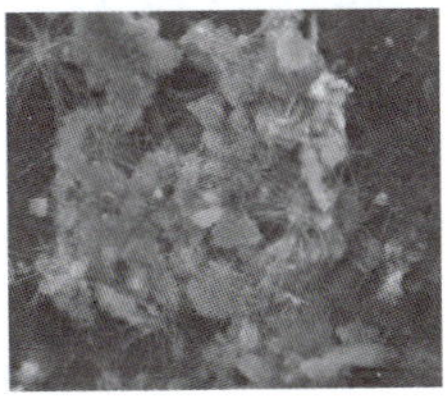	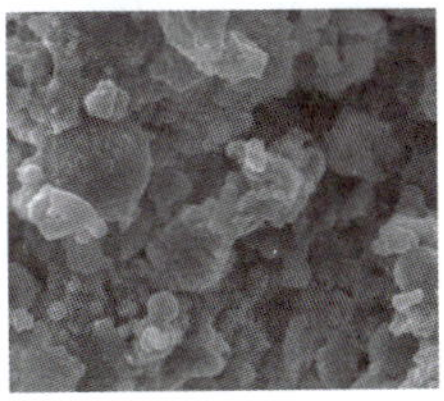

从以上扫描电镜图片中，可知：

①结合料不同，微观结构不同。水泥稳定煤矸石中，生成大量的水化产物，且相互聚集交织，形成稳定密实的网状结构；二灰稳定煤矸石中，存在球状颗粒，生成的水化产物相对较少，且较为分散地存在。

②集料不同，微观结构不同。总体来讲，在结合料稳定辽源（已燃）煤矸石中，生成的水化

产物要多于结合料稳定道渣煤矸石。

6.4.2 强度形成机理

(1)二灰稳定煤矸石基层混合料强度形成机理

其强度形成包括以下几个方面:结晶作用、火山灰作用和碳酸化作用。

①结晶作用。石灰遇水形成了饱和 $Ca(OH)_2$ 溶液,熟石灰与水作用生成熟石灰结晶网格,其化学反应式如下:

$$Ca(OH)_2 + nH_2O \rightarrow Ca(OH)_2 \cdot nH_2O$$

②火山灰作用。粉煤灰和煤矸石中含有较多的 SiO_2、CaO 和 Al_2O_3 等活性物质,可以与石灰在水的作用下形成的 $Ca(OH)_2$ 饱和溶液发生火山灰反应,生成水化硅酸钙和铝酸钙凝胶,其反应式为:

$$xCa(OH)_2 + SiO_2 + nH_2O \rightarrow xCaO \cdot SiO_2(n+1)H_2O$$

$$xCa(OH)_2 + Al_2O_3 + nH_2O \rightarrow xCaO \cdot Al_2O_3(n+1)H_2O$$

水化硅酸钙和铝酸钙与熟石灰结晶网格都是胶凝物质,具有水硬性并能在固体和水两相环境下发生硬化。这些物质在颗粒团外围形成一层稳定保护膜,填充颗粒空隙,使颗粒间产生结合料,减少了颗粒间的空隙和透水性,同时提高了密实度,从而形成了二灰稳定煤矸石基层材料的强度。

③碳酸化作用。饱和 $Ca(OH)_2$ 溶液中部分与空气中的 CO_2 作用,其化学反应式为:

$$Ca(OH)_2 + CO_2 \rightarrow CaCO_3 + H_2O$$

$CaCO_3$ 是坚硬的结晶体,它和其生成的复杂盐类把颗粒胶结起来,从而大大提高了基层材料的强度和整体性。

(2)水泥稳定煤矸石基层混合料强度形成机理

在水泥稳定煤矸石的过程中,水泥、煤矸石和水之间发生了多种复杂的物理化学作用,从而使煤矸石的性能发生明显的变化。这些作用可以分为:化学作用、物理—化学作用和物理作用,其中主要作用过程如下:

①水泥的水化作用。水泥水化反应,产生具有胶结能力的水化产物,这是水泥稳定煤矸石强度的主要来源。水泥水化过程的反应式如下:

硅酸三钙:$2(3CaO \cdot SiO_2) + 6H_2O \rightarrow 3CaO \cdot 2SiO_2 \cdot 3H_2O + 3Ca(OH)_2$

硅酸二钙:$2(2CaO \cdot SiO_2) + 4H_2O \rightarrow 3CaO \cdot 2SiO_2 \cdot 3H_2O + Ca(OH)_2$

铝酸三钙:$3CaO \cdot Al_2O_3 + 6H_2O \rightarrow 3CaO \cdot Al_2O_3 \cdot 6H_2O$

铁铝酸四钙:$4CaO \cdot Al_2O_3 \cdot Fe_2O_3 + 7H_2O \rightarrow 3CaO \cdot Al_2O_3 \cdot 6H_2O + CaO \cdot Fe_2O_3 \cdot H_2O$

水泥水化生成的产物在煤矸石的空隙中相互交织搭接,将煤矸石颗粒包覆连接起来,使煤矸石逐渐丧失了原有性质,并且随着水化产物的增加,混合料也逐渐坚固起来。

②离子交换作用。在硅酸盐水泥中,硅酸三钙和硅酸二钙占主要部分,其水化后生成的氢氧化钙所占比例较高。大量的氢氧化钙溶于水后,形成一个富含 Ca^{2+} 的碱性环境。当溶液中富含 Ca^{2+} 时,因为 Ca^{2+} 的电价高于 K^+、Na^+ 等离子,因此与电位离子的吸引力较强,从而取代了 K^+、Na^+ 等成为反离子,同时也因 Ca^{2+} 双电层电位的降低,使电动电位减小,双电层的厚度减薄,使煤矸石颗粒之间的距离减小,相互靠拢,出现凝聚状态,从而改变煤矸石的塑性,使其

具有一定的强度和稳定性。

③煤矸石自身活性。煤矸石材料含有较多的活性成分。钙离子的存在使煤矸石颗粒周围形成一个碱性环境，当其 pH 值增加到一定程度时，可以将煤矸石材料中的 SiO_2 和 Al_2O_3 等活性成分的活性激发出来，与溶液中的 Ca^{2+} 进行反应，生成新的矿物，主要包括硅酸钙和铝酸钙系列，如 $4CaO \cdot 5SiO_2 \cdot 5H_2O$、$4CaO \cdot Al_2O_3 \cdot 19H_2O$、$3CaO \cdot Al_2O_3 \cdot 16H_2O$ 和 $CaO \cdot Al_2O_3 \cdot 10H_2O$ 等。这些矿物的组成和结构与水泥的水化产物都有很多类似之处，并且同时具有胶凝能力。生成的这些胶结物质包裹在煤矸石颗粒表面，与水泥的水化产物一起将煤矸石颗粒凝结成一个整体，进一步提高水泥稳定煤矸石基层材料的强度和水稳定性。

④碳酸化作用。水泥水化生成的氢氧化钙，除与煤矸石矿物发生反应之外，还可以与空气中的 CO_2 发生碳化反应并生成碳酸钙结晶。其反应式如下：

$$Ca(OH)_2 + CO_2 + nH_2O \rightarrow CaCO_3 + (n+1)H_2O$$

碳酸钙生成过程中体积产生膨胀，也对煤矸石基体起到填充和加固的作用，但是这种作用相对较弱，并且反应过程缓慢。

第7章　煤矸石在道路工程中的应用

根据对吉林省煤矸石材料分布情况的调查，结合室内试验成果及省内公路建设计划，分别修筑了煤矸石路基实体工程和煤矸石半刚性基层实体工程，并对其路用性能进行了跟踪观测，验证煤矸石材料作为路基填料和路面基层材料在寒冷地区道路工程中应用的工程特性。

7.1　煤矸石应用路段概况

煤矸石路基和煤矸石半刚性基层实体工程的分布情况如图7.1所示。

图7.1　煤矸石试验路分布图

(1)煤矸石路基实体工程

煤矸石路基实体工程位于吉林省白山市江源区石人至三道湖二级公路石人至新开段02标段，沿途地质表层为低液限黏土或碎石，以下为砂岩或砾岩。该路段经过地区属中温带大陆性季风气候，四季变化明显，春季干燥多风，夏季炎热多雨，每年7～8月是雨季，秋季凉爽昼夜温差大，冬季漫长寒冷。年平均降水量849.6mm，年平均日照2 153.4h，年平均气温4.7℃，极端最高气温36.1℃,极端最低气温-35.5℃,最大积雪深度25cm。应用路段属于半填半挖路段,位于平面曲线缓和段及部分直线段,纵向坡度为3.88%,路基多数时间处于中湿状态,可以对煤矸石路基的整体稳定性、冻胀量和强度进行较好的对比。选用未燃煤矸石和已燃煤矸石修筑了分层未燃、全填未燃、全填已燃及正常对比段四种路基结构的应用路段,并埋设了沉降板和温度湿度传感器等观测设备。

(2)煤矸石半刚性基层实体工程

煤矸石半刚性基层实体工程位于吉林省九台市和白山市。九台市应用路段主要位于东辽盆地与张广才岭隆起区的过渡带上,沿线地质上部岩性为粉质黏土和黏土,下部岩性为砂砾石层。两段应用路段均位于东北季节性冰冻地区,属于大陆性气候,年平均降水量为642mm,降水主要集中于6~9月份,年平均气温为4.8℃,极端最高气温为36.2℃,极端最低气温为-36.7℃,最大冻深为1.66m。白山市应用路段分别位于太安乡和松树镇,均属于中温带大陆性季风气候,四季变化明显。太安乡年平均降水量849.6mm,年平均日照2 153.4h,年平均气温4.7℃,极端最高气温36.1℃,极端最低气温-35.5℃,最大积雪深度25cm。松树镇年平均降水量737.9mm,年平均日照2 409.7h,年平均气温2.9℃,极端最高气温33.5℃,极端最低气温-41.9℃,最大积雪深度38cm。

煤矸石半刚性基层实体工程共四段,分别是县道兴林至红土崖公路通化界至太安乡段,该路段位于水田段,路基填高不足1m,应属于潮湿路段;县道临仙线松树至抚松界,该段是沿河路基,半填半挖,路基填高为8~12m,属于中湿路段;县道九台至大坡公路六台子村段和村道九开线西营城至古榆树村段,均属于平原地段,路基填高1~4m,属于干燥路段。四段实体工程代表了路基的干燥、中湿、潮湿不同情况,同时选取了未燃煤矸石和已燃煤矸石修筑了水泥稳定和二灰稳定类型的煤矸石半刚性基层,能够全面代表煤矸石在公路基层中的应用情况。

7.2　煤矸石路基应用路段

7.2.1　应用路段设计

在煤矸石路基设计之前,应做好全面调查研究,充分收集沿线地质、水文、地形、地貌、气象、地震等设计资料。对煤矸石的岩性、煤质、开采方式、储量、开采时间等进行调查,同时对包括水环境、大气环境在内的煤矸石周边环境进行调查,对产生环境污染的煤矸石的应用要特别注意在道路工程中的二次污染。煤矸石路基设计应从地基处理、煤矸石填料的选择、填筑形式、分层厚度、路基强度与稳定性、防护工程、环境保护、排水系统、包边土摊铺及碾压、绿化以及关键部位施工技术等方面进行综合考虑,选取合理的断面形式及排水系统,保证煤矸石路基具有足够的强度和稳定性。

煤矸石路基结构可以分为两种:全填式路基和分层式路基。全填式路基全部采用煤矸石作为填筑材料,这种结构形式施工方法简单,便于工程实际操作,但是由于煤矸石矿物成分很复杂,性质多变,因此存在不稳定性。分层式路基采用煤矸石和其他筑路材料分层间隔填筑,可以有效地避免由于煤矸石的不稳定给路基带来的不安全因素,但是施工过程比较烦琐。在道路工程实际应用时要根据道路等级、工程预算、施工水平、安全环保等条件选择合适的断面形式。

满足路用煤矸石分级指标要求的一级和二级已燃煤矸石可以直接用于修筑相应等级的公路，不考虑包边土及分层式断面形式，如考虑绿化要求可直接在边坡上铺筑 10～15cm 的种植土，满足植物生长要求即可。未燃煤矸石直接填筑有自燃的可能，应根据实际情况采用包边土、分层式断面形式等技术措施，确保煤矸石路基的稳定性。煤矸石路基填筑高度不宜大于 20m，大于 8m 时应分段填筑。当 $H \leqslant 8$m 时边坡坡率不宜陡于 1:1.5，当分段填筑时，下部路基边坡坡率不宜陡于 1:1.75。

为对比分析已燃煤矸石（湾沟）和未燃煤矸石（道清）在公路路基工程中应用的特性差异及全填煤矸石路基和分层填筑煤矸石路基的异同，应用路段采用了三种类型的路基结构（分层式未燃煤矸石路基、全填式未燃煤矸石路基、全填式已燃煤矸石路基）。应用路段平面图见图 7.2。

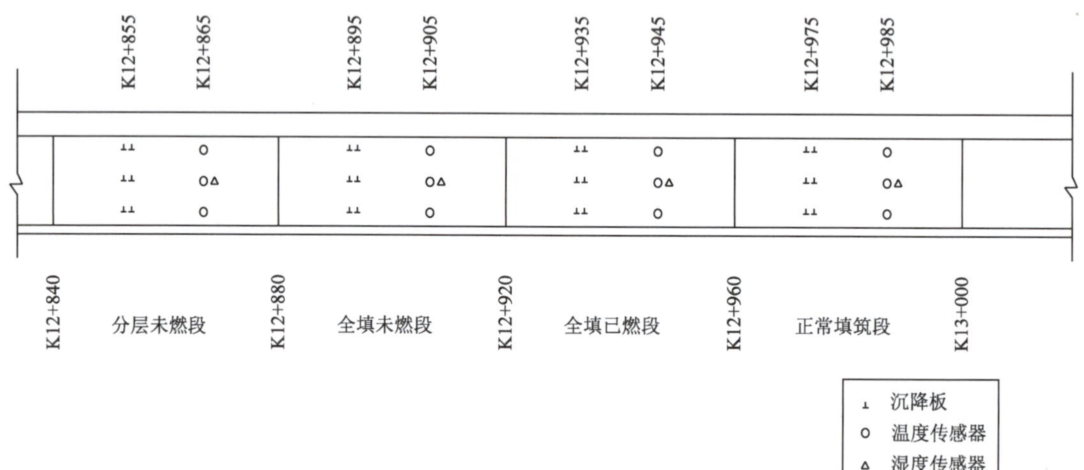

图 7.2　煤矸石路基应用路段仪标布置平面图

为了研究煤矸石路基的沉降，在路基底部和顶部埋设了沉降板；为研究路基内部的温度和湿度变化情况，在路基内部分层埋设了温度传感器和湿度传感器。沉降板和温湿度传感器布置如图 7.3 和图 7.4 所示。

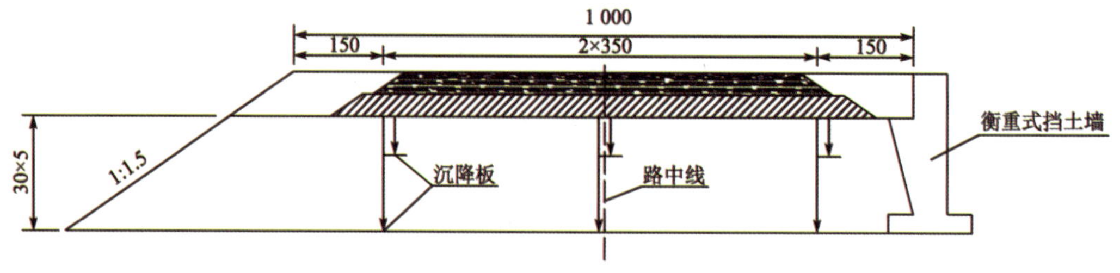

图 7.3　沉降板布置图（单位：cm；图例同图 7.2）

7.2.2　应用路段施工与质量检测

(1)施工工艺

①施工准备。煤矸石路基施工前，应按照有关规定和要求，建立试验室，对地基土进行相

关试验，对煤矸石材料开展天然含水率、液塑限、CBR、击实等试验。

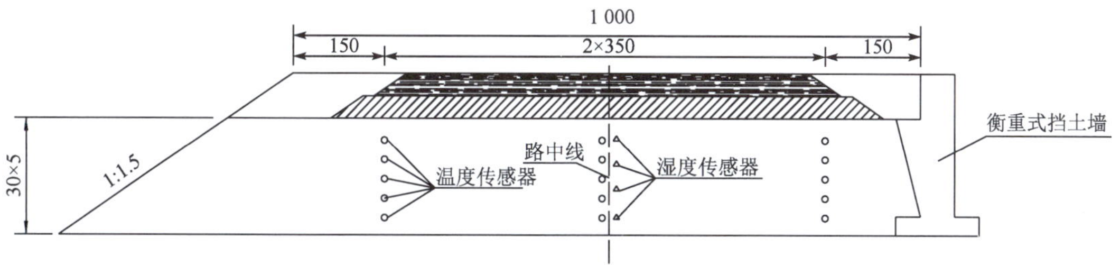

图7.4 温湿度传感器布置图（单位：cm；图例同图7.2）

②地基表层处理。为防止地下水上升，路基下部要设置灰土或者碎石土隔离层，隔离层厚度要不小于40mm，隔离层的压实度要求达到90%；为达到排水要求，隔离层要保证一定的横坡，一般需达到2%左右。

③测量放样。测量中采用全站仪，每10m一点进行中线布设，并用灰点做出标记，然后根据图纸要求，放出路堤边线等构造的位置。地基表层处理及测量放样如图7.5所示。

图7.5 地基表层处理及测量放样

④填筑煤矸石。采用高强度分层压密方法，每层煤矸石在填筑以前都应在路堤中心、路堤边缘等处设置厚度控制桩，控制煤矸石的填筑厚度。不同强度的煤矸石应按照压碎值的大小分别采用不同的填筑层厚（表7.1）。

煤矸石填筑厚度 表7.1

分区	路面底面以下深度（m）	压碎值小于35%		压碎值大于35%	
		摊铺层厚度（mm）	最大粒径（mm）	摊铺层厚度（mm）	最大粒径（mm）
路床	0～0.80	≤300	≤100	≤300	≤100
上路堤	0.80～1.50	≤400	小于层厚2/3	≤300	小于层厚
下路堤	>1.50	≤500	小于层厚2/3	≤400	小于层厚

根据压实要求和机械组合情况，控制每层的松铺厚度。自卸车拉运至现场，料场取料时应尽量选颜色一致的煤矸石，现场倒料应注意颜色一致的煤矸石尽量倒在同一断面，注意控制粗细料的比例，使粗粒径含量为60%～80%。

二级及二级以上公路煤矸石路基应分层填筑压实，二级以下砂石路面公路在陡峻山坡地段施工特别困难时，可采用倾填的方式填筑路基，但是路床底面以下不小于1m范围内仍应分层填筑压实；性质差异较大的煤矸石填料应水平分层，分段填筑，分层压实，同一水平层路基的全宽应采用同一种煤矸石，不得混合填筑；包边土和顶面封层的填料宜采用塑性指数不小于12的黏性土，包边土的施工应与路基填筑同步进行，土质护坡铺筑宽度应保证削坡后的净宽度满足设计要求。

⑤整形。挖掘机配合推土机整形(图7.6)。煤矸石应充分饱水、风化，待其基本稳定后方可摊铺。煤矸石的摊铺厚度与摊铺方式和压实机械有关，其松铺系数应通过试验确定，一般为1.1~1.3。摊铺时可首先用挖掘机粗平，之后用推土机稳压，之后每20m一个断面用水准仪测放5个白灰点，不断测放高程，以达到设计高程。

图7.6　煤矸石路基整形

⑥洒水。煤矸石摊铺时应测定不同断面的天然含水率，以确定合适的洒水量，洒水时要严格控制含水率及煤矸石水分的均匀性。洒水的目的主要是使之润滑以便碾压成型，为煤矸石强度形成提供必要的水分等。煤矸石吸水量较大，因而必须保证洒水，施工时的含水率可比室内试验确定的最佳含水率稍大1%~3%，且洒水应均匀，避免局部洒水过多。已摊铺的煤矸石因故造成过湿或者过干，应通过晾晒或者洒水调整含水率。

⑦碾压压实。用不小于18t的钢轮压路机按照“先动后静，先轻后重，先慢后快，先边后中”的原则进行压实。压路机的行走速度按常规为2~4km/h，一般是振动碾压4~6遍，静碾2~4遍，碾压时应无漏压、无死角，确保碾压均匀，表面没有明显轮迹，不出现松散、翻浆、软弹等现象，使板体表面光洁密实。

⑧分段填筑、搭接。各种类型的煤矸石路堤都要采用水平分层法填筑施工，当开始进行下一类型路基施工时，先填路基应分层留台阶，使每个压实层相互重叠，搭接长度应大于分层厚度的2倍，保证相邻作业段接头范围内的压实度。

(2)施工中应注意的问题

煤矸石材料粒径较大，均匀性差，导致填料的粒径组成不佳，如施工中压实不到位，将使煤矸石路基不易压实达到稳定状态，给竣工后公路的正常使用留下较大的隐患，因此，施工中应注意下列问题：

①煤矸石材料的颗粒组成不佳容易产生离析现象，使路基不同部位的密度和物理力学性能有很大的差别。

②相对于碎石材料来说，煤矸石材料的强度较低，在振动压实的过程中，煤矸石颗粒被压碎，改善了材料的级配组成，可能会影响路基的密度、强度和稳定性等，如图7.7所示。

图7.7　煤矸石路基大粒径填料一次碾压前后压碎情况

③边坡部位在煤矸石堆放过程中不易压实，表面欠密实，尤其是混凝土挡墙和沉降板埋设位置等特殊部位，压路机很难进行震动压实。对路基局部边角地带，应采用小型手扶式振动压路机、蛙式打夯机碾压到规定的压实度，也可用大型挖掘机的铲斗反复振压，达到路基压实度。

④稳压后应用细料将表面空隙填实，防止雨水下渗将粗料孔隙中的细料带走，引起较大的沉降，施工时遇雨天，注意保护已压实的煤矸石层。

⑤煤矸石路基施工需要制订安全技术措施，特别注意挖取煤矸石的施工安全。经过对煤矸石取料现场的调查，多数煤矸石山存在塌方等安全隐患，建议在煤矸石取料时从上至下分层取用，最大高度宜控制在10m左右，以确保施工机械和人员安全。

⑥煤矸石路基施工应遵守国家生态、环境保护、土地管理的有关法律法规，尽量保护原有植被地貌，防止噪声、粉尘污染和水资源污染。

(3)施工质量检测

煤矸石材料含有较多的超尺寸粒径，虽然在分层振动碾压过程中可以将大块颗粒破碎，但是仍存在相当数量的大粒径颗粒，因此，煤矸石路基基本处于土石混合状态，属于填石路基。对于填石路基的质量检测与评定，许多设计、施工和监理单位开展了大量的研究和实践工作，并在实际工程中取得了一定的经验，但是这一问题并没有得到彻底解决，目前还没有形成比较完善的技术手段和统一的技术要求。通过对国内外大量相关文献的分析，目前填石路基现场常用的质量检测方法有压实度法、试验段法、弹性模量法、压实计法、面波密度仪法和沉降差法等。

沉降差法认为随着碾压遍数的增加，沉降差逐渐减少，当沉降差稳定或小于某一范围时可以认为路基压实到了密实状态，该方法的测点可以随机布置、省时省力、可以检测每一层压实层的质量，采用的仪器简单，易于被现场工程人员掌握，在实际工程中应用较多。因此，煤矸石填筑路基应用路段采用沉降差法检测路基的施工质量。

煤矸石路基应用路段施工过程中采用18t振动光轮压路机分层碾压,在应用路段不同结构类型的路基中,分别选取两个断面,每个断面选取两个测点,路基每碾压一遍,利用水准仪测量各测点碾压前后的高程,并计算该遍碾压的沉降差,通过控制沉降差使煤矸石路基达到压实状态。在参照国内填石路基施工相关资料的基础上,结合煤矸石路基压实的实际情况,确定煤矸石路基沉降差小于5mm作为控制标准,即达到压实状态。

煤矸石路基碾压5~8遍后,各层表面即无轮迹出现,且沉降差达到控制标准的要求。碾压完成后的路基顶面密实平整,满足路基压实度的要求。在第二年春季,结合监理对应用路段进行了弯沉检测,具体结果如表7.2所示。路基表面设计弯沉值为300(0.01mm),应用路段均满足设计要求。

煤矸石路基试验段弯沉实测值 表7.2

桩号	实测弯沉值(0.01mm)			平均值(0.01mm)	标准差	代表弯沉(0.01mm)
	左	中	右			
K12+850	95	130	99	104.4	19.6	136.7
K12+860	101	69	112			
K12+870	88	126	120			
K12+890	88.8	85.2	102	87.9	16.8	115.5
K12+900	103.2	102	78			
K12+910	92.4	49.2	90			
K12+930	125	102	121	106	19.2	137.6
K12+940	105	103	60			
K12+950	120	112	106			
K12+970	135	155	118	123.4	28.0	169.5
K12+980	153	110	68			
K12+990	122	103	147			

由弯沉检测数据可知,未燃煤矸石的代表弯沉小于已燃煤矸石的代表弯沉,而对比段的弯沉值要大于已燃煤矸石段和未燃煤矸石段的弯沉值,可见用煤矸石修筑公路路基的强度要优于普通路基。

(4)煤矸石路基施工质量标准

煤矸石路基填筑至设计高程并整修完成后,路基表面无明显孔洞,大粒径煤矸石不松动,铁锹挖动困难,其施工质量应符合表7.3的规定。

煤矸石路基施工质量标准 表7.3

项次	检查项目	规定值或允许偏差		检查方法和频率
		高速、一级公路	其他等级公路	
1	压实度	符合试验路确定的施工工艺		施工记录
		沉降差≤试验路确定的沉降差		水准仪:每40m检测1个断面,每个断面检测5~9点

续上表

<table>
<tr><th rowspan="2">项次</th><th rowspan="2" colspan="2">检查项目</th><th colspan="2">规定值或允许偏差</th><th rowspan="2">检查方法和频率</th></tr>
<tr><th>高速、一级公路</th><th>其他等级公路</th></tr>
<tr><td>2</td><td colspan="2">纵面高程(mm)</td><td>+10,-20</td><td>+10,-30</td><td>水准仪:每200m测4个断面</td></tr>
<tr><td>3</td><td colspan="2">弯沉</td><td colspan="2">不大于设计值</td><td>—</td></tr>
<tr><td>4</td><td colspan="2">中线偏位(mm)</td><td>50</td><td>100</td><td>经纬仪:每200m测4点,弯道加HY、YH两点</td></tr>
<tr><td>5</td><td colspan="2">宽度</td><td colspan="2">不小于设计值</td><td>米尺:每200m测4处</td></tr>
<tr><td>6</td><td colspan="2">平整度</td><td>20</td><td>30</td><td>3m直尺:每200m测4点×10尺</td></tr>
<tr><td>7</td><td colspan="2">横坡(%)</td><td>±0.3</td><td>±0.5</td><td>水准仪:每200m测4个断面</td></tr>
<tr><td rowspan="2">8</td><td rowspan="2">边坡</td><td>坡度</td><td colspan="2">不陡于设计值</td><td rowspan="2">每200m抽查4处</td></tr>
<tr><td>平顺度</td><td colspan="2">符合设计要求</td></tr>
</table>

7.2.3　应用路段路用性能监测与分析

为了深入分析煤矸石路基的沉降特性及内部温度湿度情况,选用自行设计的沉降板观测煤矸石路基的沉降规律,并在路基内部埋设温度和湿度传感器跟踪路基内部温度和湿度的变化,分析煤矸石路基的隔温性能和水稳定性。

(1)仪标埋设

煤矸石路基仪标采用沉降板和温度湿度传感器,分别用于观测煤矸石路基的沉降和路基内部温度湿度变化。

①沉降板。

在应用路段不同路基结构类型和正常路段中各选择一个断面,每个断面的两侧路肩及中线各埋设一组沉降板,每组2个,第一个埋在路基底部,第二个埋在路基顶面以下60cm处,两者相隔40cm,共四个断面。其中正常对比段设置沉降板的目的是对比煤矸石路基与正常路基的沉降差异。

对煤矸石路基的沉降跟踪观测时,分别测出同一位置两个沉降板的下沉量,取其差值作为中间煤矸石层的总体沉降量。在应用路段修筑前选择不受施工影响的位置埋设了水准点作为参考点。为保证参考点的沉降量不发生变化,将沉降板埋入2m深的坑中,周围用水泥混凝土浇灌使之与周围土体连成一体,从而确保水准点在观测期内不会下沉。

为方便煤矸石路基的施工碾压,将沉降板制作为沉降底座和连接杆两部分。连接杆通过螺纹与底座连接,并在上部预留螺纹,方便连接下一级连接杆。随着路基填筑高度的增加,连接杆也在增加,直至路基顶面。为使沉降板能够自由沉降,不受路基填料摩擦力的影响,在连接杆的外侧套PPR塑料管,使其与路基填料隔离。PPR塑料管用接头连接,逐段接至路面顶部。

煤矸石路基试验段的基底处理完成后,将沉降板底座摆放到预定位置,如图7.8所示。外侧套上适当高度的PPR管后开始摊铺煤矸石填料,摊铺第一层填料时要有专人看管沉降板,防止其在推土机的带动下发生错位,最好采用挖土机在沉降板周围放置填料,固定其位置。

图 7.8　沉降板

碾压时,沉降板附近必须压实,当压路机碾压有困难时可以采用人工夯实或挖土机的料斗拍实。在摊铺下一层填料时,先将沉降板及外侧套管接长,然后进行填料摊铺,如图 7.9 所示。

图 7.9　煤矸石摊铺及接长的沉降板

②温度、湿度传感器。

温度传感器:在应用路段不同路基结构类型和正常路段中各选择一个断面,每个断面两侧路肩及路中线埋设一组温度传感器,每组 5 个,自下而上均匀分布于路基高度范围内,共四个断面。其中正常对比段设置温度传感器的目的是对比煤矸石路基与正常修筑路基内温度变化规律。

湿度传感器:在应用路段不同路基结构类型和正常路段中各选择一个断面,每个断面路中线埋设一组湿度传感器,每组 4 个,共四个断面。其中正常对比段设置湿度传感器的目的是对比煤矸石路基与正常修筑路基内湿度变化情况,为分析煤矸石材料的隔温性能提供依据。

为方便施工记录及后期跟踪观测,在应用路段施工前采用带编号的胶带对埋设在路基中线和两侧路肩的温度传感器和湿度传感器进行了标记(图 7.10),并在不同温度湿度条件下进行了温度湿度传感器的准确性和灵敏度检验。

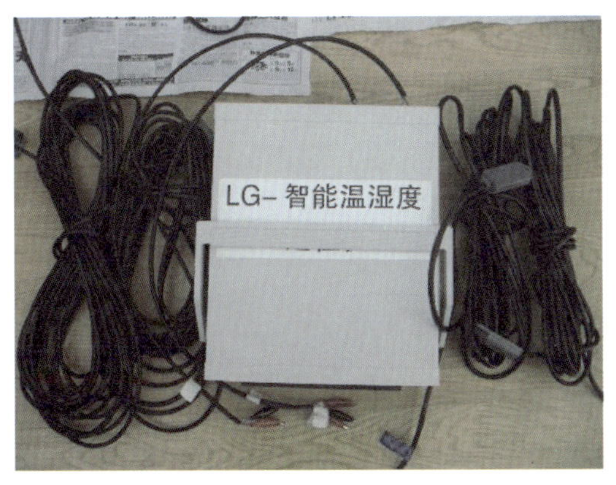

图7.10　温度湿度传感器及测量设备标定

将第一层温度湿度传感器放置在基底预定位置，用细粒土将连接导线填埋，放置过往的施工车辆破坏传感器，然后摊铺第一层煤矸石填料。碾压完成后在与第一层传感器相同的断面上开挖沟槽，放入第二层温度湿度传感器，并用细粒土将传感器埋入沟槽，开始下一层煤矸石摊铺。依次类推，直至完成最后一层填料的摊铺及碾压。

应用路段施工时，同一个断面上埋有各自层位的温度传感器和湿度传感器，温度传感器在路中心和两侧路肩埋设，湿度传感器埋设在路中心。在埋设温度传感器和湿度传感器的断面边坡侧修筑观测箱，各观测端接头按照埋设层数分别通过观测箱的圆管引出。为便于区分各个传感器的接头，除在接头处标识了带编号的胶带外，还在圆管出口处采用不用颜色的胶带区分不同位置的温度传感器，如图7.11所示。

图7.11　观测箱及沉降观测

(2)沉降观测及分析

沉降观测的目的是分析煤矸石路基的厚度变化情况，掌握煤矸石路基的沉降和冻胀变化规律。因此，从煤矸石路基铺筑完成就开始对路基的沉降进行跟踪观测，铺筑基层和面层后，将各个沉降观测点接到路面表面，继续对煤矸石路基的沉降和冻胀情况进行观测。

煤矸石路基应用路段的修筑时间为2007年10月，当年完成路基铺筑，经过一个冬季的沉降后，第二年 10 月完成基层和面层的铺筑。根据对观测数据的分析，将整个煤矸石路基沉降观测过程分为两个阶段：铺筑路面结构前（2007. 10 ~ 2008. 7）和铺筑路面结构后（2008. 10 ~ 2009. 01）。

①铺筑路面结构前（2007. 10 ~ 2008. 7）。铺筑路面结构前煤矸石路基沉降变化曲线见图 7. 12。

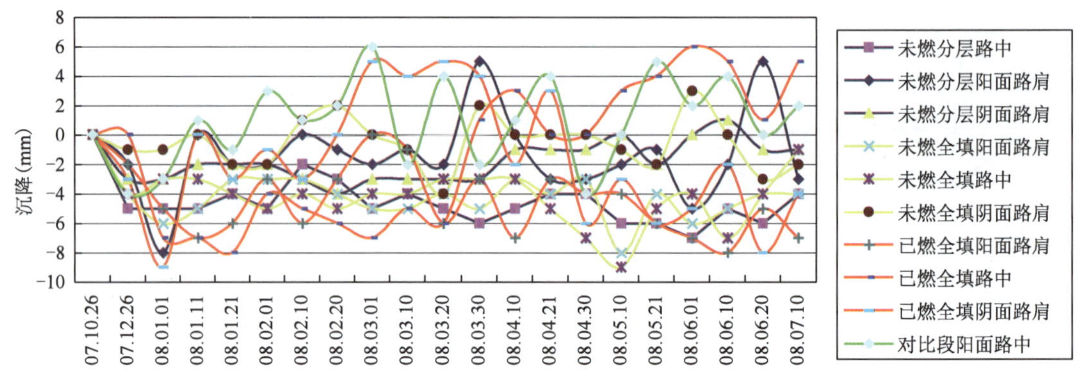

图 7. 12　铺筑路面结构前煤矸石路基沉降变化曲线

从图 7. 12 中可以看出，完成煤矸石路基修筑后，各煤矸石路基和正常对比段路基均有明显的沉降过程，沉降幅度为 2 ~ 9mm；进入冬季冻胀期后，煤矸石路基底部层继续沉降，而上部煤矸石进入冻胀期，总体表现为煤矸石路基厚度没有明显的变化；到了春融季节，煤矸石路基部分体现出工后沉降，同时又体现出遇水微膨胀的特性，煤矸石路基总厚度处在波动阶段，厚度变化不一。

②铺筑路面结构后（2008. 10 ~ 2009. 01）。铺筑路面结构后煤矸石路基经历了沉降和冻胀两个阶段，为了更清楚地表述沉降和冻胀对煤矸石路基的影响，将煤矸石路基厚度变化情况分阶段进行研究。分析煤矸石路基内部温度观测数据，2008 年 12 月 22 日的记录中煤矸石路基首次出现负温，即从这时起会出现冻胀现象，所以用这次观测作为沉降和冻胀的分隔点，煤矸石路基在沉降期和冻胀期的厚度变化曲线分别如图 7. 13、图 7. 14 所示。

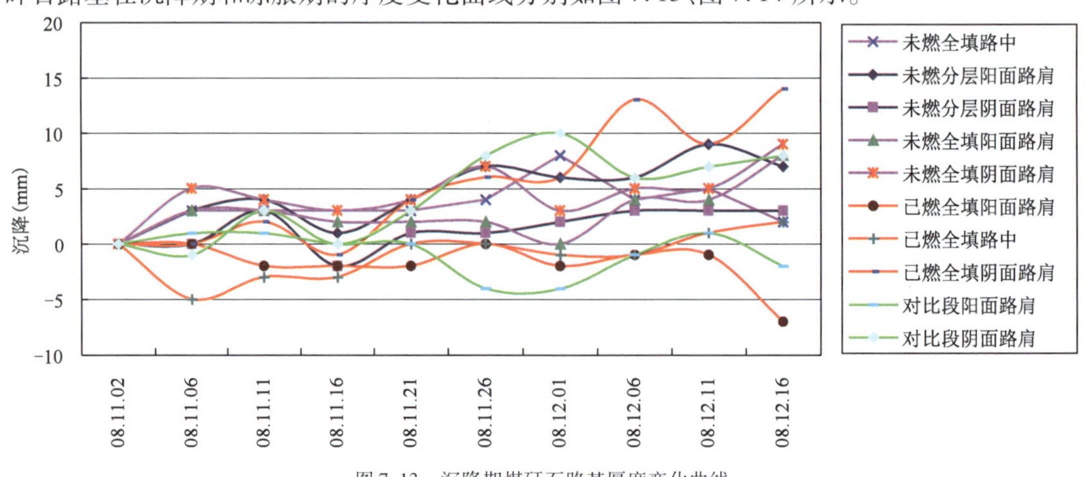

图 7. 13　沉降期煤矸石路基厚度变化曲线

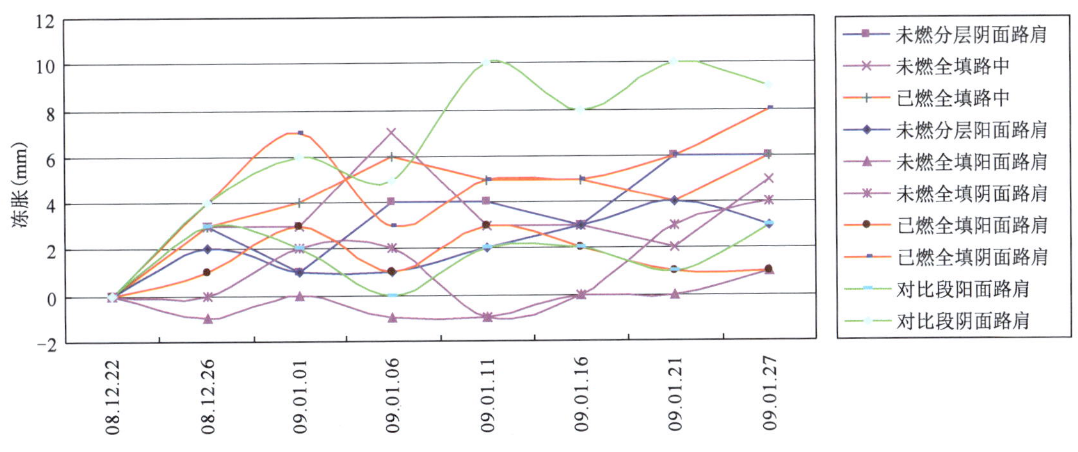

图 7.14 冻胀期煤矸石路基厚度变化曲线

从图 7.13 中可以看出,经过一个冬季的沉降,各应用路段路基沉降基本稳定,铺筑路面结构后路基厚度沉降变化均较小;未燃分层煤矸石和未燃全填煤矸石段路基厚度均略有增加,其中未燃分层段厚度增加 3 ~7mm,未燃全填段厚度增加 2 ~9mm,其原因可能是煤矸石浸水后产生微膨胀导致路基厚度变化;各试验段阴面路肩沉降量均为正值,阳面路肩的沉降量较阴面小,原因是阳面路肩有挡墙,又有阳光照射,地下水位较低,煤矸石不发生膨胀,而阴面路肩边沟内存有积水,地下水位较高,加之毛细水作用,引起煤矸石路基产生膨胀。

在冬季冻胀期间,煤矸石路基的厚度均体现为增加趋势,即产生了冻胀现象。只不过各应用路段煤矸石厚度增加量稍有不同,未燃分层段厚度增加量为 3 ~6mm,阳面增加少,为阴面的 50% 左右;未燃全填段厚度增加量为 1 ~5mm,阳面增加量为阴面增加量的 25% 左右;已燃全填段层厚增加量为 1 ~8mm,阳面增加量为阴面增加量的 15% 左右;对比段厚度增加量为 3 ~9mm,阳面增加量为阴面增加量的 30% 左右。从总体看,路基阳面冻胀量小于阴面的冻胀量,为阴面冻胀量的 30% ~50%;煤矸石路基的冻胀量均小于对比路段,说明煤矸石路基的抗冻性较好。

(3)温度湿度观测及分析

①温度观测及分析。温度观测主要是掌握煤矸石路基内部各层位的温度变化,分析煤矸石作为路基填料的隔温性能,明确煤矸石材料的抗冻性以及降低路基最大冻深的幅度。

以未燃全填煤矸石路基为例(图 7.15),路面下深度 60cm 处的最低温度达到 -10℃以下,最高温度能达到 30℃以上,而路面下深度为 180cm 处的最低温度只有 -3℃,最高温度能达到 22℃左右,因此,路基内部温度随外界大气温度的变化而变化,路基表层受大气温度的影响较大。

为分析各试验段煤矸石路基内部温度的差异,更好地评价煤矸石材料的隔温性能,将路面下 180cm 和 150cm 各试验段的温度变化情况示于图 7.16 和图 7.17 中。路面下 180cm 为各试验段路基底部,从图 7.16 中可看出,已燃全填煤矸石路基最底层温度比正常对比段高 2 ~2.5℃,未燃全填煤矸石路基最底层温度比正常对比段高 1 ~1.5℃,未燃分层煤矸石路基的温度与正常对比段温度差别不大,分层式煤矸石路基结构对隔温性能影响较小;路面下 150cm 处已燃全填煤矸石路基温度变化幅度为 -5℃ ~21℃,正常对比段路基和未燃分层段路基受温度影响最大,变化幅度为 -7℃ ~25℃,可见已燃煤矸石的隔温性能较好。

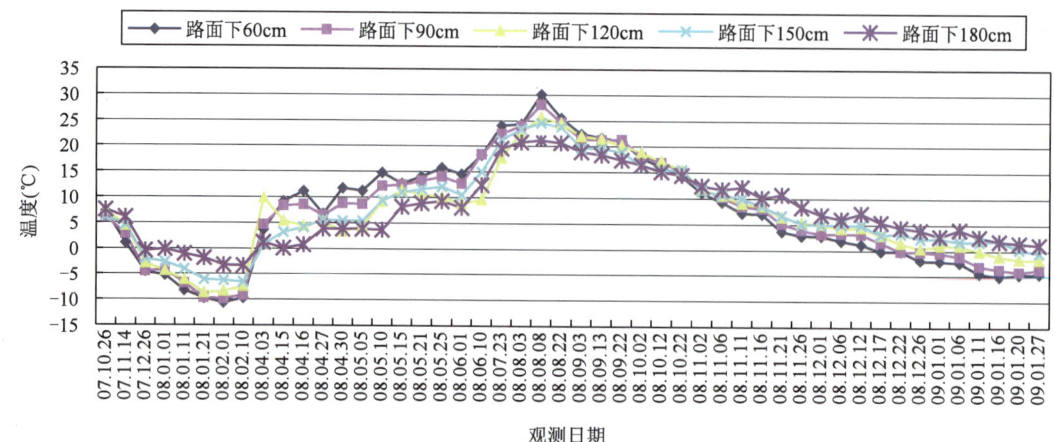

图 7.15　未燃全填煤矸石路基路面下不同深度温度变化曲线

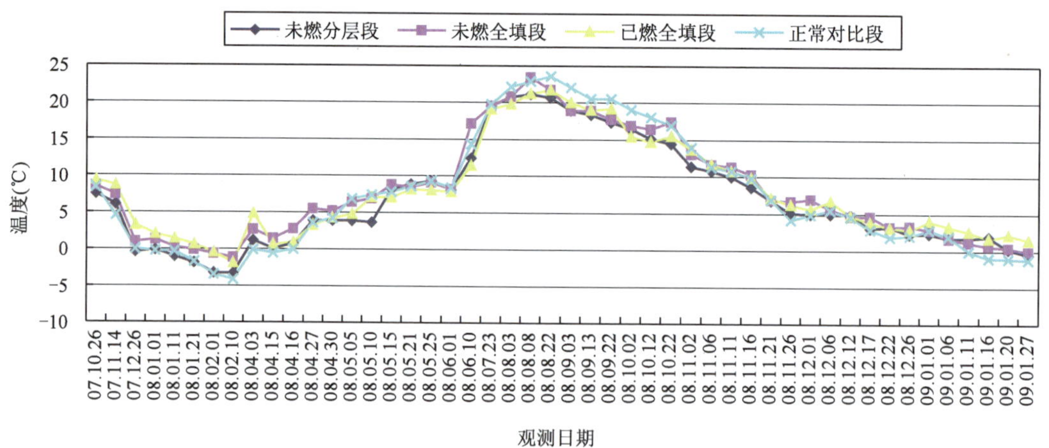

图 7.16　路面下 180cm 处各煤矸石路基温度对比曲线

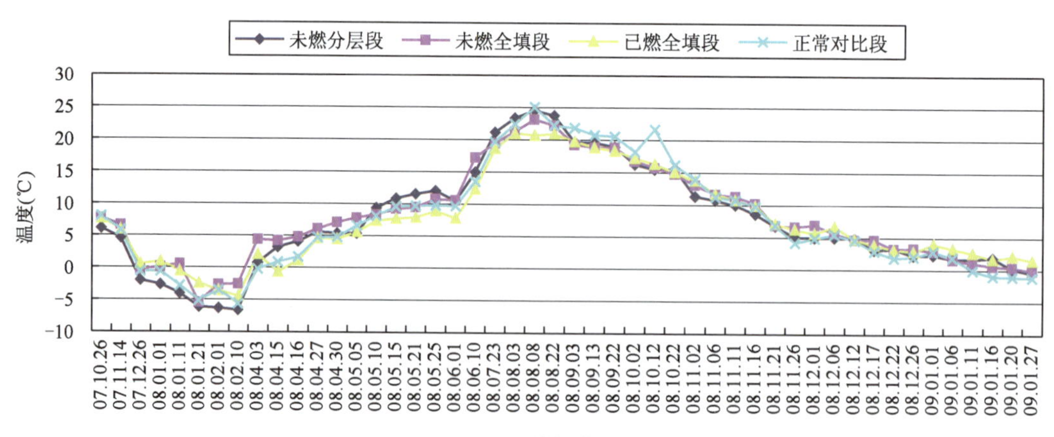

图 7.17　路面下 150cm 处各煤矸石路基温度对比曲线

煤矸石材料的隔温性能主要体现在冬季，分析煤矸石路基应用路段冬季的温度观测数据更能反映煤矸石材料的隔温性能。通过分析2007—2009年冬季的温度观测数据，将平均温度内插得到各应用路段的冻深，分别是未燃分层段1.85m，未燃全填段1.75m，已燃段1.60m，正常对比段1.95m，表明已燃煤矸石具有良好的隔温性能，能有效降低路基的最大冻深，未燃煤矸石也有一定的隔温性能。

根据2009年1月27日煤矸石路基应用路段不同层位的温度变化情况，绘制了路基内部温度场变化曲线，如图7.18所示。

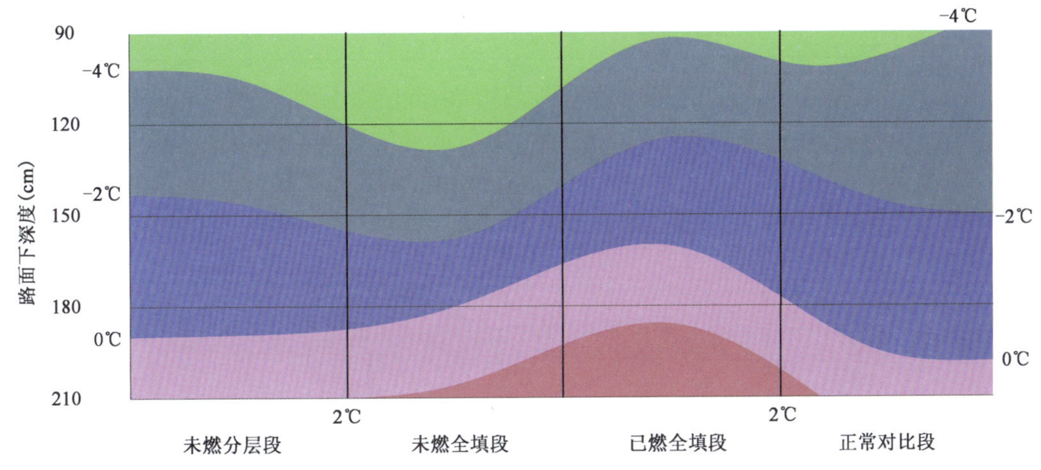

图7.18　煤矸石路基应用路段温度场变化情况

从图7.18中可看出，煤矸石路基的隔温性能优于正常对比段路基，而已燃煤矸石路基的隔温性能好于未燃煤矸石。从0℃等温线的变化情况可以看出，已燃煤矸石路基可以降低冻结深度30～40cm，说明煤矸石材料具有良好的隔温性能。

②湿度观测及分析。湿度观测的主要目的是明确路基内部不同深度的湿度情况，应用路段中埋设了湿度传感器，但是由于采用的湿度传感器成活率较低，只进行了3次观测就出现了仪标失效的现象，所以仅对已观测的结果进行分析，具体观测数据如表7.4所示。

各煤矸石路基湿度观测记录(%)　　表7.4

层数	未燃分层路基				未燃全填路基			
	编号	07.10.26	07.11.14	07.12.26	编号	07.10.26	07.11.14	07.12.26
1	7	93.5	93.1	91.8	10	92.6	92.1	90.8
2	9	93.5	93.6	92.1	—			
3	4	95.9	95.7	93.3	2	92.7	93.1	91.6
4	13	95.1	95.3	92.5	3	95.6	95.9	94.3
5	11	97	97.3	94.1	6	97.9	98.6	94.9

续上表

层数	已燃全填段				正常对比段			
	编号	07.10.26	07.11.14	07.12.26	编号	07.10.26	07.11.14	07.12.26
1	5				12	94.6	91.8	92.1
2	17	94.3	94.3	93.1	16			
3	15	94.6	94.6	93.5	8	93.7	93.5	93.8
4	—				—			
5	14	94.5	94.4	93.8	1	97.4	95.4	94.2

由湿度观测数据可明显看出,各试验段路基内部的湿度由上到下逐渐增加,这也说明地下水对路基有较明显的影响。在路面以下深度为 180cm 处的湿度均能达到 95% 以上,湿度较大,对路基整体稳定性会有较大影响。以未燃分层和未燃全填煤矸石路基为例,2007 年 10 月 26 日各层湿度如图 7.19 所示,从图中可以明显看出,随着深度的增加,湿度也明显增加。

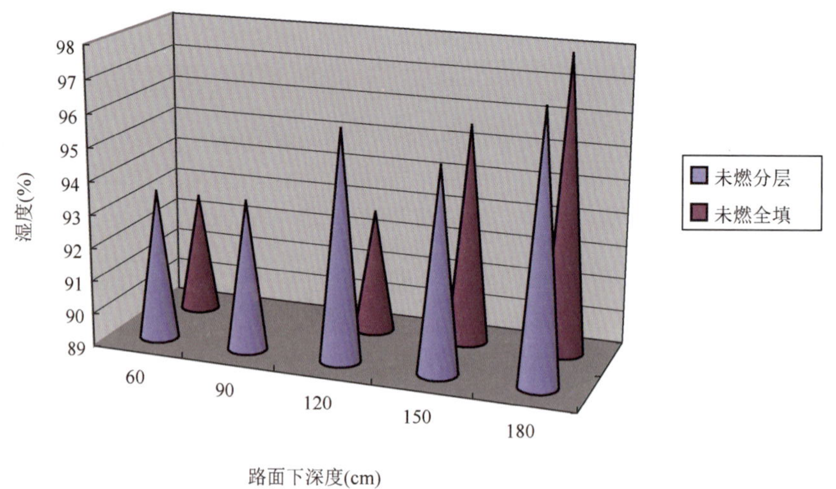

图 7.19 未燃分层和未燃全填路基湿度随深度变化图

7.3 煤矸石半刚性基层应用路段

7.3.1 设计及试验分析

(1)应用路段设计

根据所选路段的实际情况,综合考虑煤矸石材料本身强度并结合室内试验的研究结论适当调整了应用路段煤矸石基层材料的配比。实体工程各应用路段概况及方案设计如下:

①县道兴林至红土崖公路通化界至太安乡段。该路段为山岭区三级公路,路基宽

8.5m，路面宽7m。原路面结构设计为4cm沥青混凝土AC-16I面层、20cm二灰碎石基层和15cm砂砾垫层。计划试验方案：基层采用20cm二灰稳定道清未燃煤矸石，面层为4cm沥青混凝土。

②县道临仙线松树至抚松界。该路段为四级公路，路基宽6m，路面宽4.5m。原路面结构设计为20cm水泥混凝土面层，18cm水泥稳定砂砾基层。计划试验方案：基层采用18cm水泥稳定湾沟已燃煤矸石，面层为20cm水泥混凝土。

③县道九台至大坡公路六台子村段。该路段为三级县道，路基宽5.5m，路面宽4.5m。原路面结构设计为3cm沥青混凝土面层，18cm水泥稳定砂砾基层。计划试验方案：基层采用20cm二灰稳定九台已燃煤矸石（430m）和水泥稳定九台已燃煤矸石（70m），面层为3cm沥青混凝土。

④村道九开线西营城至古榆树村段。该路段为四级通村公路，路基宽5.5m，路面宽4.5m。原路面结构设计为18cm水泥混凝土面层，20cm填隙碎石。计划试验方案：基层采用20cm二灰稳定九台已燃煤矸石，面层为3cm沥青混凝土。

（2）试验分析

结合煤矸石材料和实体工程的实际情况，在修筑应用路段前将煤矸石中掺加碎石作为应用路段的一种方案，因此，采用应用路段所用材料进行试验，分析碎石的掺加对煤矸石基层强度的影响。涉及掺加碎石的煤矸石材料为未燃道清煤矸石和已燃九台煤矸石，两种煤矸石均采用二灰稳定。

道清煤矸石采用的石灰和粉煤灰技术指标如表7.5和表7.6所示。

道清煤矸石基层应用路段用石灰性质指标　　表7.5

石灰产地	取样地点	（CaO + MgO）		含水率（%）	是否满足要求
		测定值（%）	标准（%）		
七道江村	太安乡应用路段拌和场料堆	58	Ⅲ级≥55	3	满足

道清煤矸石基层应用路段用粉煤灰性质指标　　表7.6

粉煤灰产地	SiO_2（%）	Fe_2O_3（%）	Al_2O_3（%）	烧失量（%）	筛分通过率（%）		比表面积（cm^2/g）	含水率（%）
					0.3mm	0.075mm		
白山电厂	51.1	4.2	23.1	6.3	96.9	71.5	2610	8.1

九台煤矸石采用的石灰和粉煤灰技术指标如表7.7和表7.8所示。

九台煤矸石基层应用路段用石灰性质指标　　表7.7

石灰产地	取样地点	（CaO + MgO）		含水率（%）	是否满足要求
		测定值（%）	标准（%）		
双阳	六台子应用路段拌和场料堆	57.2	III级≥55	3.5	满足

九台煤矸石基层应用路段用粉煤灰性质指标 表7.8

粉煤灰产地	SiO_2 (%)	Fe_2O_3 (%)	Al_2O_3 (%)	烧失量 (%)	筛分通过率(%)		比表面积 (cm^2/g)	含水率 (%)
					0.3mm	0.075mm		
长春一热电(六台子村)	58.8	5.3	25.5	6.0	92.7	78.9	2589	7.6

根据应用路段的实际配合比,选用快速养生和标准养生7d的方法对二灰稳定道清和九台煤矸石基层试件的无侧限抗压强度进行试验,试验结果如表7.9所示。

掺加碎石对煤矸石基层强度影响试验结果 表7.9

煤矸石	碎石掺量 (%)	最大干密度 (g/cm^3)	最佳含水率 (%)	快速养生10h (MPa)	标准养生7d (MPa)
道清 (7:13:80)	0	1.95	10	1.05	0.90
	50	2.02	8.7	0.97	0.82
九台 (8:17:75)	0	1.66	15.5	1.14	1.10
	65	1.82	15	1.01	0.75

从表7.9中可以看出,两种不同类型的煤矸石在掺加碎石材料后,最大干密度均较未掺加碎石有所增加,最佳含水率均较未掺加碎石有所下降,这与碎石材料的密度比煤矸石材料的密度大有关;无论采用快速养生还是标准养生,掺加碎石的煤矸石基层抗压强度均比未掺加碎石的煤矸石基层小。

7.3.2 煤矸石基层应用路段施工

(1)白山市太安乡煤矸石基层应用路段

本段应用路段为二灰稳定道清未燃煤矸石基层,采用中心站集中厂拌法施工(图7.20)。试验配合比采用石灰:粉煤灰:煤矸石=7:13:80。为了对比煤矸石中掺加碎石对二灰稳定煤矸石基层路用性能的影响,在保持二灰与煤矸石比例不变的情况下,将煤矸石中的50%采用等粒级的碎石代替,修筑了二灰稳定纯煤矸石基层和二灰稳定掺碎石煤矸石基层。具体施工过程如下。

图7.20 中心站集中厂拌法施工

①备料：石灰产地为七道江村，粉煤灰产地为白山电厂，单质材料试验指标见表7.5和表7.6。煤矸石选用道清煤矿的未燃煤矸石，运至破碎厂破碎，分大料、中料、小料分别堆放，然后运至七道江拌和场分别堆放。由于基层拌和机仅有四个料斗，只能给集料提供2个料斗，因此分别将煤矸石的大料、中小料和等量、等粒级的碎石用铲车在场地上按比例翻拌均匀，准备使用。

②拌和：采用机械拌和。根据设计配合比的要求进行截流试验，调整各料斗出料口皮带的转速，达到要求的配合比。拌和生产过程，每个配合比进行几次抽样试验进行筛分试验，及时对不满足配合比要求的混合料进行调整。煤矸石材料的筛分情况见表7.10。

煤矸石筛分结果　　表7.10

筛孔尺寸(mm)	26.5	19	16	9.5	4.75	2.36	0.3	0.15	0.075
累计筛余(%)	24.1	37.7	45.5	63.5	79.9	88.8	98.0	99.6	100

③路肩整形：摊铺混合料之前，人工用石块等将路肩培起来至设计高程，同时控制路基宽度为7m，然后钉桩，按松铺厚度（松铺系数1.2）挂线，同时在木桩上用红油漆做好标记。

④摊铺：用自卸卡车将拌和好的混合料运至施工场地，按照计算用量等间距卸料。用推土机初步整平和整形，用平地机刮平。在直线段和不设超高的平曲线段，平地机由两侧向路中心进行刮平；在设超高的平曲线段，平地机由内侧向外侧进行刮平，如图7.21所示。必要时，再返回刮一遍，同时人工配合边角地带整平。

图7.21　推土机初平整形及平地机刮平

⑤碾压：混合料整平后，立即用12t振动式压路机碾压。第一遍碾压先不起振，起到轻型压路机的作用。碾压时，在整个结构层全宽内进行。在直线段和不设超高的平曲线段，由两侧向路中心碾压；在设超高的平曲线段，由内侧路肩向外侧路肩进行碾压。碾压时重叠1/2轮宽左右，共碾压5～6遍，二灰浆振出，压实度基本达到要求为止。

⑥养生及交通管制：由于本应用路段等级较低，采用定期洒水的方式进行养生，并根据当地的气候特点随时调整洒水次数，始终保持基层表面潮湿，养生期为7d。对过往的农用车等使用限制车速的方法进行交通管制。

（2）白山市松树镇煤矸石基层应用路段

本段应用路段为水泥稳定湾沟已燃煤矸石，由于受当地条件限制，采用混凝土搅拌机搅拌混合料的“厂拌法”施工（图7.22），因此对应用路段的配合比进行了适当调整，采用的施工配合比为7:93。

图7.22　混凝土搅拌机拌和

①备料：所用水泥采用湾沟林业局的普通硅酸盐水泥。煤矸石从湾沟镇购入，选用燃烧过的煤矸石，运至拌和场。经过人工翻拌，将大于50mm的粒料选出，剩余集料进行洒水闷料。对所用煤矸石进行了筛分试验，具体结果如表7.11所示。

应用路段用湾沟已燃煤矸石筛分结果　　表7.11

筛孔尺寸(mm)	50	40	30	25	20	10	5	2	1	0.5	0.25
累计筛余(%)	2.5	8.7	17.0	21.6	30.1	57.2	73.6	84.0	88.8	94.4	100

②拌和：由于施工条件限制，施工单位没有大型厂拌机械，采用水泥混凝土搅拌机进行拌和，每次可拌和0.35m^3。煤矸石用量以推车计算。由于考虑施工的不均匀性，适当加大水泥用量，经计算折合后应用路段所用配比为水泥：煤矸石＝7:93。施工用水采用电动抽水井，通过加水时间控制用水量，使含水率略大于最佳值，保证混合料运到现场摊铺后碾压时的含水率不小于最佳含水率。

③摊铺：由自卸卡车运至施工现场，卸料后由人工摊铺整平（由于混合料拌和速度较慢，推土机、平地机等机械用不上）。摊铺时，部分粒径大于50mm的集料被挑出，同时也避免了粗集料窝的产生。

④碾压：用14t振动式压路机在路面结构层的全宽内碾压4遍以上，满足规范的要求，使其表面平整，压实度达到要求。

养生及交通管制：本应用路段邻河，每天下午在河里挑水对煤矸石基层进行养生，没有进行覆盖，养生期为7d。由于本试验段公路等级较低，虽封路停止交通，但来往农用车仍在通行，特别是摩托车，使新铺的基层平整度受到影响。

(3)九台市六台子村煤矸石基层应用路段

本应用路段所用煤矸石为九台已燃煤矸石，其中430m为二灰稳定九台已燃煤矸石，另外70m为水泥稳定九台已燃煤矸石。为了对比煤矸石中掺加碎石对二灰稳定煤矸石基层路用性能的影响，在对二灰与煤矸石比例作适当调整的基础上，将部分煤矸石用等粒级的碎石代替，具体方案为K32＋110～K32＋240采用二灰稳定纯煤矸石，施工配合比为石灰：粉煤灰：煤矸石＝8:16:76；K32＋240～K32＋340采用二灰稳定掺碎石煤矸石，碎石掺加比例为65%，施工配合比为石灰：粉煤灰：煤矸石＝8:17:75；K32＋340～K32＋540采用二灰稳定掺碎石煤矸石，碎石掺加比例为50%，施工配合比为石灰：粉煤灰：煤矸石＝7:13:80。水泥稳定煤矸石基层施工配合比为水泥:煤矸石 =7:93。应用路段采用的石灰、粉煤灰的性质指标见表7.7和表7.8。

该段应用路段采用中心站集中厂拌法施工，其施工过程与白山市太安乡段应用路段大致相同，因此仅针对拌和过程中的截流试验进行说明。截流试验是在每种材料配合比出料前进行的检验。具体方法为分别开放一个料斗出口，关闭其他料斗出口，正常出料后（不加水），暂停截流1m长干料，分别称量每种干料重量（扣除含水量），并计算检验各种材料的配合比与设计配合比的差异，通过调整每个出料口的皮带转速，反复进行截流试验，达到设计配合比的要求。几次截流试验的具体数据见表7.12。

六台子拌和场截流试验记录　　表7.12

序号	配合比	1m长干重(kg)				
		石灰	粉煤灰	水泥	碎石	煤矸石
1	石灰:粉煤灰:煤矸石 8:16:76	1.8	3.5	—	—	20
2	石灰:粉煤灰:煤矸石 8:17:75(65%碎石)	1.8	3.9	—	11.2	5.9
3	石灰:粉煤灰:煤矸石 7:13:80(50%碎石)	1.56	2.91	—	9.07	9.13
4	水泥:煤矸石 7:93	—	—	1.52	—	19.5

从表7.12可以看出，截流试验能够保证应用路段所用各材料的配合比，通过截流试验可以及时调整配合比的变化，以满足不同应用路段的需要。

(4)九台市古榆树村煤矸石基层应用路段

本应用路段为二灰稳定九台已燃煤矸石基层，配合比采用石灰:粉煤灰:煤矸石 = 8:22:70，其中K0+000～K0+360采用人工沿路拌和法施工，K0+360～K1+445采用厂拌法施工。厂拌法施工与白山市煤矸石基层应用路段相同，此处不再重复。人工沿路拌和法具体施工过程如下。

①备料：石灰产地为双阳，粉煤灰产地为长春一热电，单质材料指标如表7.13和表7.14所示。根据各路段二灰稳定煤矸石基层的宽度、厚度和料厂煤矸石的含水率确定堆料的间距，将石灰、粉煤灰等按照施工配合比沿路堆放，堆料距离应严格掌握，避免有的路段料不足或过多，并将煤矸石按照最佳含水率洒水后闷料，洒水应均匀，防止出现局部水分过多的现象。

应用路段用石灰性质指标　　表7.13

石灰产地	取样地点	CaO+MgO		含水率(%)	是否满足要求
		测定值(%)	标准(%)		
双阳	古榆树应用路段拌和场料堆	58.6	III级≥55	3.7	满足

应用路段用粉煤灰性质指标

表 7.14

粉煤灰产地	SiO_2（%）	Fe_2O_3（%）	Al_2O_3（%）	烧失量（%）	筛分通过率（%）		比表面积（cm^2/g）	含水率（%）
					0.3mm	0.075mm		
长春一热电（鸡鸣山）	61.3	4.1	23.5	8.2	96.9	64.3	2230	9.2

②拌和：采用人工沿路拌和法将按比例堆放的材料均匀翻拌后，堆到路的另一侧备用。翻拌时遇到的较大粒径煤矸石块可以通过人工改锤或捡除等方法处理，如图 7.23 所示。

图 7.23 应用路段用材料沿路堆放及人工沿路拌和

③摊铺：将翻拌均匀的混合料由人工摊铺整平，摊铺时将粒径大于 50mm 的煤矸石块捡出，避免出现粗集料窝。

④碾压：采用 14t 的振动式压路机碾压，碾压时重叠 1/2 轮宽，一般经 4 ~5 遍碾压后二灰浆振出，且表面没有轮迹出现，表明压实度到达要求。

⑤养生及交通管制：应用路段碾压完成后进行封路交通管制，并采取铺塑料布的方式进行养生，养生期为 7d，如图 7.24 所示。

图 7.24 铺塑料布养生及养生后效果

7.3.3 应用路段跟踪观测

煤矸石基层应用路段修筑完成后，对其使用性能进行了跟踪，观测的内容包括路面裂缝调查、弯沉检测、钻芯取样并对部分芯样进行了劈裂试验。

(1)裂缝调查

对九大线六台子村段进行了裂缝调查,裂缝情况见表7.15。从表中可以看出:

①应用路段长约500m,横向裂缝11道,平均间距45m,与相邻路段(25cm水稳砂砾基层)大致相当。

②路表面无裂缝、沉陷及纵向裂缝,可初步判断煤矸石基层承载力没有问题。

九大线公路六台子村段试验段裂缝描述表　　表7.15

路段	序号	桩号	裂缝长度	裂缝宽度(cm)
相邻路段	1	K31 +050	贯通路面	0.5
	2	K31 +084	贯通路面	0.5
	3	K32 +000	贯通路面	0.5
	4	K32 +021	贯通路面	0.5
	5	K32 +082	贯通路面	0.5
煤矸石应用路段	6	K32 +118	贯通路面	0.5
	7	K32 +150	贯通路面	0.5
	8	K32 +191	贯通路面	1.5 ~0.8
	9	K32 +288	贯通路面	1.5 ~0.8
	10	K32 +318	贯通路面	0.3
	11	K32 +337	贯通路面	0.3
	12	K32 +367	贯通路面	0.5
	13	K32 +410	整幅	0.5
	14	K32 +453	整幅	0.5
	15	K32 +512	贯通路面	0.7
	16	K32 +567	贯通路面	0.3 ~1

(2)弯沉检测

参照《公路路基路面现场测试规程》(JTG E60—2008)中贝克曼梁测定路基路面回弹弯沉试验方法对煤矸石基层运营一年和两年后的路面进行了弯沉检测,可以间接反映煤矸石基层的承载能力。

①白山市通化界至太安乡段煤矸石基层应用路段。该段应用路段沥青面层为4cm,在运营一年和两年后分别对路面的左侧和右侧的弯沉情况进行了检测,对不同配合比的煤矸石基层路段分别计算代表弯沉值,如表7.16所示。

白山市通化界至太安乡段应用路段代表弯沉　　表7.16

基层配比	桩号	第一年(0.01mm)			第二年(0.01mm)		
		平均值	标准差	代表弯沉	平均值	标准差	代表弯沉
二灰煤矸石	K1 +340 ~ K1 +400	43	13.174	63	66	15.587	89
二灰煤矸石(碎石50%)	K1 +340 ~ K1 +400	45	19.376	74	82	18.740	110

从表7.16中可以看出,随着运营时间的增加,煤矸石基层的弯沉值有所增加,承载能力稍有下降;对比不掺碎石和掺加碎石煤矸石基层的弯沉值可以看出,二灰稳定纯煤矸石的承载能力比二灰稳定掺碎石煤矸石的承载能力大。

②九台市九大线六台子村煤矸石基层应用路段。该应用路段沥青面层为3cm,在运营一年和两年后分别对路面的左侧和右侧的弯沉情况进行了检测,对不同配合比的煤矸石基层路段分别计算代表弯沉值,如表7.17所示。

九台市九大线六台子村段应用路段代表弯沉 表7.17

基层类型	桩号	第一年(0.01mm)			第二年(0.01mm)		
		平均值	标准差	代表弯沉	平均值	标准差	代表弯沉
二灰煤矸石	K32+110~K32+240	30	12.361	49	32	19.582	61
二灰煤矸石(碎石65%)	K32+240~K32+340	35	13.790	56	65	19.053	93
二灰煤矸石(碎石50%)	K32+340~K32+540	33	11.738	51	45	18.917	74
水泥煤矸石	K32+540~K32+610	32	13.808	53	44	16.320	68
二灰砂砾对比段	K32+610~K32+680	59	19.762	89	—	—	—

从表7.17中可以看出,各种配合比的煤矸石基层承载能力均随运营时间的增加而降低,但是降低幅度较小;随着碎石掺量的增加,二灰稳定煤矸石基层的承载能力呈下降趋势,说明碎石的掺入不能增加煤矸石基层的承载能力;对比段的弯沉值较大,可能与施工质量有关,消除施工因素的影响,煤矸石基层的承载能力优于二灰砂砾基层。

③九台市九开线古榆树村煤矸石基层应用路段。该应用路段沥青面层为3cm,在运营一年和两年后分别对路面的弯沉情况进行了检测,对不同配合比的煤矸石基层路段分别计算代表弯沉值,如表7.18所示。

九台市九开线古榆树村段应用路段代表弯沉 表7.18

基层类型	桩号	第一年(0.01mm)			第二年(0.01mm)		
		平均值	标准差	代表弯沉	平均值	标准差	代表弯沉
二灰煤矸石(人工路拌)	K0+160~K0+360	67	18.608	95	109	19.901	139
二灰煤矸石(机械厂拌)	K0+360~K1+380	64	16.956	89	85	19.766	115

从表7.18中可以看出,采用人工路拌法施工的煤矸石路基承载能力比采用机械厂拌的承载能力小;随着营运时间的增长,煤矸石路基的承载能力有所下降。

(3)钻取芯样及劈裂试验

在应用路段修筑完成28d和运营一个冬季后,项目组分别对白山、九台两地修建的四条煤矸石半刚性基层应用路段进行了取芯检测。

①修筑完成28d取芯观测及劈裂试验。

a. 芯样状态描述。白山市两段应用路段取芯情况如表 7.19 所示。白山太安乡、松树镇应用路段取芯检测 29 处,取出 27 处,合格率为 93%,总体看 28d 基层成型较好;太安乡应用路段的平整度较差,主要原因是由于养生期间虽进行了限速交通管制,但公路等级较低,过往的农用车和施工车辆较多,对基层养生极为不利。

白山市煤矸石基层应用路段取芯情况表 表 7.19

路段	桩号	位置	芯样长度(cm)	芯样状况
白山市松树镇	K2 +420	路中左 2m	13	
	K2 +425	路中右 2m	14	
	K2 +430	路中左 2m	17	
	K2 +435	路中右 2m	16	
	K2 +440	路中	19	
	K2 +470	路中左 2m	12	
	K2 +475	路中	18	
白山市太安乡	K1 +535	路中右 2m	17	
	K1 +535	路中左 2m	16	
	K1 +525	路中左 2m	17	
	K1 +470	路中	17	
	K1 +365	路中左 2m	18	
	K1 +360	路中右 2m	19	
	K1 +355	路中	16	
	K1 +350	路中右 1m	18	

九台市煤矸石基层应用路段取芯情况如表 7.20 所示。

九台市煤矸石基层应用路段取芯情况表 表 7.20

序号	桩号	配合比	芯 样 描 述
1	K32 +108	水泥稳定砂砾(原设计段)	面层与基层脱离,基层芯样完全破碎
2	K32 +180	二灰稳定煤矸石 8:16:76	基层与面层连接,面层 2 ~2.2cm,基层芯样长 20 ~18cm
3	K32 +325	二灰稳定煤矸石 7:13:80(碎石 65%)	面层 3cm,基层芯样完全破碎,未成型
4	K32 +365	二灰稳定煤矸石 7:13:80(碎石 50%)	面层 5 ~5.3cm,与基层脱离,基层芯样 16.5cm,底部破碎
5	K32 +560	水泥稳定煤矸石 7:93	面层 1.5 ~2cm,与基层脱离,基层芯样 17 ~20cm,底部松散
6	K0 +120(人工路拌)	二灰稳定煤矸石 8:22:70	面层 1.8 ~3cm,基层芯样长 17 ~20cm,表面有坑洞,密实度不好,底部松散
7	K1 +045(机械厂拌)	二灰稳定煤矸石 8:22:70	面层 2.7 ~3cm(脱离),基层芯样长 24cm,较完整

九台九大线和九开线古榆树村段 20 处取芯,18 处取出,合格率为 90%,总体看除掺碎石的二灰煤矸石基层较差外,其余 28d 成型均较好。九大线六台子村应用路段芯样如图 7.25 所示。

图 7.25　九大线六台子村应用路段芯样

b. 芯样劈裂试验。将取芯时较完整的芯样(图 7.26)切割加工后,进行了劈裂强度试验。

图 7.26　部分煤矸石基层芯样

白山市煤矸石基层应用路段芯样劈裂试验结果如表 7.21 所示。

白山市煤矸石基层芯样劈裂试验结果　　表 7.21

序号	配合比	直径(cm)	长度(cm)	强度(MPa)	换算强度(MPa)
1	水泥煤矸石 7:93 (松树镇)	10	11	0.62	0.53
2		10	12.4	0.93	0.79
3		10	13.2	0.88	0.75
4		10	11.5	0.72	0.61
5		10	12.9	0.72	0.61
6	二灰煤矸石 7:13:80 (碎石 50%) (太安乡)	10	11	0.52	0.44
7		10	10.6	0.27	0.23
8		10	11.6	0.52	0.44
9		10	12.3	0.52	0.44
10		10	12	0.50	0.43

续上表

序号	配合比	直径(cm)	长度(cm)	强度(MPa)	换算强度(MPa)
11	二灰煤矸石 7:13:80 (太安乡)	10	11.8	0.83	0.71
12		10	12.3	0.49	0.42
13		10	11	0.52	0.44
14		10	12	0.51	0.43

九台市煤矸石基层应用路段芯样劈裂试验结果如表7.22所示。

九台市煤矸石基层芯样劈裂试验结果 表7.22

序号	配合比	直径(cm)	长度(cm)	强度(MPa)	换算强度(MPa)
1	二灰煤矸石 8:16:76	10	12	0.33	0.28
2	二灰煤矸石 7:13:80 (碎石65%)	10	12	0.31	0.26
3	水泥煤矸石 7:93	10	12	0.54	0.46
4	二灰煤矸石 8:22:70 (人工路拌)	10	12	0.22	0.19
5	二灰煤矸石 8:22:70 (机械厂拌)	10	12	0.31	0.26

通过对比煤矸石基层应用路段竣工后28d芯样的劈裂强度试验结果可知，白山市煤矸石基层的劈裂强度高于九台市煤矸石基层的强度，消除结合料不同对结果的影响后，说明白山市道清和湾沟两地的煤矸石性能优于九台市煤矸石；掺加碎石的二灰稳定煤矸石基层材料强度比不掺加碎石的基层强度低，这一点与取芯时掺加碎石二灰基层成型率低的结果一致；采用机械厂拌的二灰煤矸石基层劈裂强度比人工路拌基层强度高。初步判断煤矸石半刚性基层的技术是可行的，其路用耐久性能还需对应用路段进行长期跟踪观测。

②运营一个冬季后取芯观测及劈裂试验。

a. 芯样状态描述。白山市太安乡段煤矸石基层应用路段取芯情况如表7.23所示。现场取芯10次，基层成型5个芯样，成型率仅50%，取芯成型率较28d减少；掺碎石的煤矸石基层均未成型，部分纯煤矸石基层成型，再次说明纯煤矸石基层优于掺碎石的煤矸石基层；路面面层均较薄，平均为2.5cm，出现坑槽路段的面层厚度仅为1cm。基于这种情况，项目组对现场相邻路段的基层也进行了取芯，结果与煤矸石基层相似。分析原因可能有几个方面：一是施工质量；二是石灰质量；三是后期养护。

白山市太安乡段煤矸石基层取芯情况表　　表 7.23

序号	配合比	钻芯附近路面描述	芯样状况
1	二灰煤矸石 7:13:80(碎石 50%)	路面平整、密实	
2	二灰煤矸石 7:13:80	路面平整、密实; 面层 5cm 基层 19cm	

白山市松树镇煤矸石基层取芯情况如表 7.24 所示。现场取芯 12 次,基层成型(长度大于 10cm)7 个芯样,成型率为 58%;从取芯情况看,基层厚度平均为 11~12cm,普遍超薄,可能造成基层强度不足,导致混凝土面板产生横向裂缝,在应用路段上平均有 30% 的混凝土面板存在裂缝,有局部路段混凝土板存在连续裂缝。

白山市松树镇煤矸石基层取芯情况表　　表 7.24

序号	配合比	钻芯附近路面描述	芯样状况
1	水泥煤矸石 7:93	面层 18cm 基层 13cm,部分混凝土板开裂、局部表面掉皮	
2	水泥煤矸石 7:93	面层 22cm 基层 8cm,局部有裂缝、临河段	
3	水泥煤矸石 7:93	面层 20cm 基层 10cm,局部有裂缝、临河段	

九台市六台子村煤矸石基层取芯情况如表7.25所示。该应用路段现场取芯9处，成型5个芯样，成型率56%。从成型情况看，水泥稳定煤矸石基层和二灰稳定纯煤矸石基层成型情况较好，掺碎石煤矸石基层部分未成型，且碎石掺量越多基层成型情况越差，可以看出，煤矸石掺碎石基层强度及耐久性均不好。

九台市六台子村煤矸石基层取芯情况表　　表7.25

序号	配合比	钻芯附近路面描述	芯样状况
1	二灰煤矸石 8:16:76	面层2cm基层25cm，路面平整、密实	
2	二灰煤矸石 7:13:80 （碎石50%）	面层3cm基层19cm，路面松散、破坏	
3	水泥煤矸石 7:93	面层2cm基层10cm，路面松散离析、多处脱落，但基层平整坚实	

九台市古榆树村煤矸石基层取芯情况如表7.26所示。现场取芯6次，基层成型4个芯样，成型率近67%，从取芯情况看，成型较多的是机械厂拌的煤矸石基层，说明采用机械厂拌施工的煤矸石基层比人工路拌法施工的效果要好。

九台市古榆树村煤矸石基层取芯情况表　　表7.26

序号	配合比	钻芯附近路面描述	芯样状况
1	二灰煤矸石 8:22:70 （人工路拌）	路面平整、密实	面层与基层脱离，基层芯样完全破碎，未成型
2	二灰煤矸石 8:22:70 （机械厂拌）	面层4cm基层24cm，路面平整、密实	

b.劈裂试验。白山市煤矸石基层应用路段芯样劈裂试验结果如表7.27所示。从表中试验结果可看出,虽然经过一个冬冻和春融的循环,但是成型芯样的劈裂强度均较28d有所增长,说明煤矸石基层具有良好的耐久性和抗冻性。

白山市煤矸石基层芯样劈裂强度试验结果 表7.27

序号	地点	稳定形式	配合比	强度(MPa)	换算强度(MPa)
1	太安乡	二灰煤矸石	7:13:80	0.52	0.57
2				0.27	0.45
3	松树镇	水泥煤矸石	7:93	0.61	0.75
4				0.79	0.90

九台市煤矸石基层应用路段芯样劈裂试验结果如表7.28所示。从表中试验结果可看出,经过一个冬冻和春融循环的芯样劈裂强度与28d较为接近;掺碎石的二灰煤矸石基层强度低于不掺碎石的煤矸石基层强度,且碎石掺量越大基层的强度越低;采用人工路拌施工的基层强度低于机械厂拌施工的基层,因此,在有施工条件的路段应尽量采用机械厂拌法施工,以延长路面基层的使用寿命。

九台市煤矸石基层芯样劈裂试验结果 表7.28

序号	地点	稳定形式	配合比	强度(MPa)	换算强度(MPa)
1	六台子	二灰煤矸石	8:16:76	0.46	0.44
2		二灰煤矸石	8:17:75(碎石65%)	0.44	0.25
3		二灰煤矸石	7:13:80(碎石50%)	0.28	0.32
4		水泥煤矸石	7:93	0.28	0.37
5	古榆树	二灰煤矸石	8:22:70(人工路拌)	0.19	0.19
6		二灰煤矸石	8:22:70(机械厂拌)	0.26	0.26

7.3.4 煤矸石基层应用路段使用现状

2009年4月23日,课题组对运营中的煤矸石基层应用路段进行了调查,各路段的具体情况如表7.29所示。

煤矸石基层应用路段使用现状 表7.29

路段	使用现状	
	试验段	对比段
白山市县道兴林至红土崖公路通化界至太安乡段		

续上表

路 段	使用现状	
	试 验 段	对 比 段
白山市县道兴林至红土崖公路通化界至太安乡段	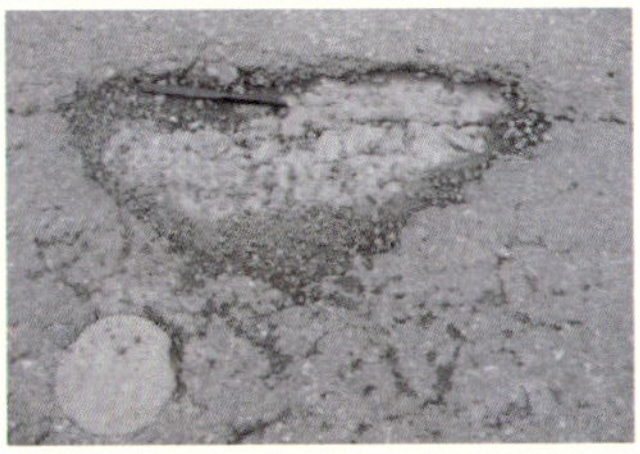	
	分析:该路段位于水田段,路基填高不足1m,属于潮湿路段。由于公路等级较低,面层较薄,在运营过程中,应用路段出现两条横向裂缝,局部存在纵向裂缝和坑槽;对比路段出现了大量纵向裂缝和网裂;从试验段和对比段的坑槽可以看出,试验段的基层完整性较好,对比段基层松散,说明煤矸石基层优于对比段基层	
白山市县道临仙线松树至抚松界		

	分析:该段是沿河路基,半填半挖,路基填高为8~12m,属于中湿路段。在运营过程中应用路段出现了麻面和断板等病害;对比路段与煤矸石基层段均存在较多的裂缝、露骨和啃边等病害,使用效果相差不大	
九台市县道九台至大坡公路六台子村段		

	分析:该试验段位于平原,路基填高1~4m,属于干燥路段。应用路段路面平整,使用状况良好,有1处坑槽,局部存在网裂现象,每隔约20m出现一道横向裂缝,使用性能与对比段相似	

续上表

路段	使用现状	
	试验段	对比段
九台市九台至开原公路西营城至古榆树村段	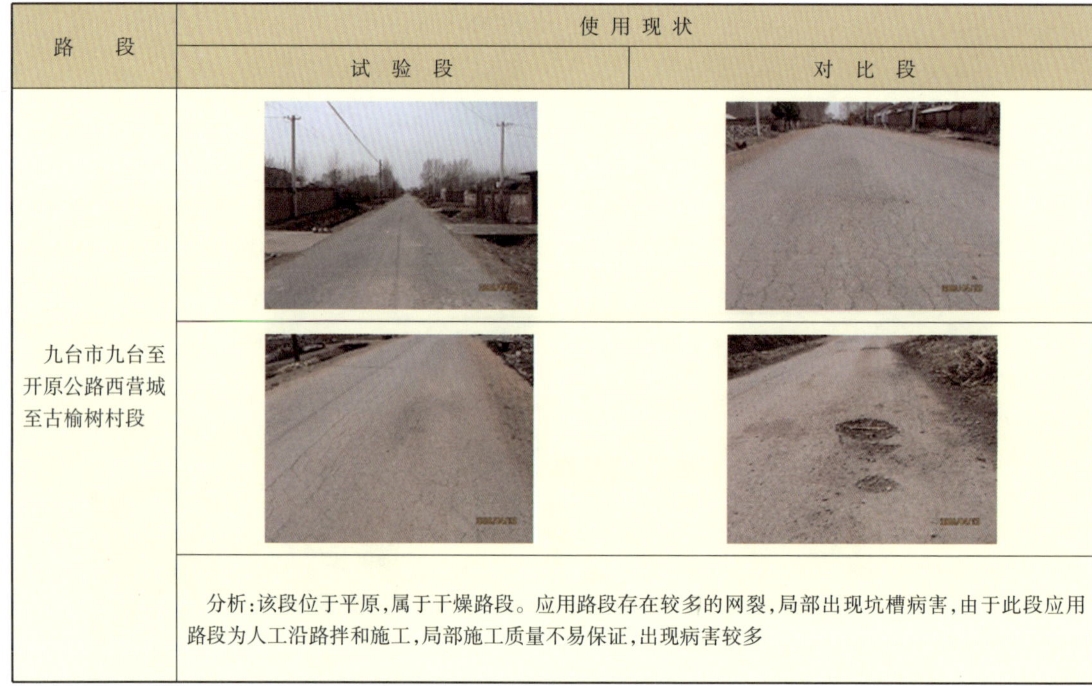	
	分析:该段位于平原,属于干燥路段。应用路段存在较多的网裂,局部出现坑槽病害,由于此段应用路段为人工沿路拌和施工,局部施工质量不易保证,出现病害较多	

综上,煤矸石基层可用于二级及以下公路的基层,也可用于高等级公路的底基层,经过多年的使用,与正常的二灰稳定碎石或水泥稳定碎石的强度和耐久性相差不大,可满足公路的正常使用功能。

参 考 文 献

[1] 张长森. 煤矸石资源化综合利用新技术[M]. 北京:化学工业出版社,2008.

[2] 常毅军,宁季林,梁丽彤,等. 中国煤矿煤质及应用评价[M]. 太原:山西科学技术出版社,2012.

[3] 吉林省地方标准 DB 22/T 2062—2014 寒区公路工程煤矸石应用技术指南[S]. 北京:人民交通出版社,2014.

[4] 河北省地方标准 DB 13/T 1382—2011 公路路基煤矸石填筑应用技术指南[S]. 2011.

[5] Schulz D, Raubold-Roaser M. Recultivation of mining waste dumps in the Ruhr area, Germany[J]. Water, Air, and Soil Pollution, 1996, 9(1):89-98.

[6] Akdemir O, Sdmnez L. Investigation of coal and ash recovery and entrainment in flotation [J]. Fuel, Processing Technoogy, 2003, (82):1-9.

[7] 宋秀杰,师宝忠. 北京地区煤矸石综合利用及生态保护[J]. 城市管理与科技,2004,6(2):66-68.

[8] 张平萍,孙传敏. 我国煤矸石的综合利用现状及存在问题[J]. 国土资源科技管理,2004,6(21):95-97.

[9] Zhang Changsen. Pozzolanic Activity of Burned Coal Gangue and Its Effects on Structure of Cement Mortar [J]. Journal of Wuhan university technology materials science, 2006, 21(2):150-153.

[10] 李雨芯,邱媛媛. 矿山固体废弃物在土地复垦中的应用[J]. 有色冶金设计与研究,2008,1(29):38-40.

[11] 张新婷. 浅谈煤矸石山复垦绿化的生态效应[J]. 山西焦煤科技,2007,8(8):15-17.

[12] 中华人民共和国行业标准. JTG E40—2007 公路土工试验规程[S]. 北京:人民交通出版社,2007.

[13] 中华人民共和国行业标准. JTG E42—2005 公路工程集料试验规程[S]. 北京:人民交通出版社,2005.

[14] 中华人民共和国行业标准. JTJ 034—2000 公路路面基层施工技术规范[S]. 北京:人民交通出版社,2000.

[15] 中华人民共和国推荐性行业标准. JTG/T F20—2015 公路路面基层施工技术细则[S]. 北京:人民交通出版社,2015.

[16] 李文秀. 利用煤矸石制砖的环境影响分析[J]. 科技情报开发与经济,2007,25(17):184-185.

[17] 王萍,李国昌. 煤矸石陶粒滤料制备及在生物滤池中应用研究[J]. 非金属矿,2007,11(6):53-56.

[18] 肖同社,孙正啓,商屹,等. 煤矸石自燃陶粒在喷射混凝土中的应用[J]. 中国矿业,2006,

15(6):46-49.

[19] 马先伟,牛季收.煤矸石活性激发方法探讨[J].矿产综合利用,2007,6(11):42-44.

[20] 周双喜,陈益民,张文生.煤矸石的化学与温度复合活化及其胶凝性能[J].东南大学学报(自然科学版),2005,7(31):172-177.

[21] 王久,杨英来,司百堂,等.CFG夯扩桩法处理煤矸石地基的技术实践[J].西部探矿工程,2005,8(112):22-23.

[22] 赵霄,孙涛.矿区煤矸石填筑铁路路基的应用[J].矿业快报,2002,2(2):77-80.

[23] 张宏亮,侯江华.煤矸石在铁路路基应用中的沉降计算分析[J].铁道建筑,2007,7:63-65.

[24] 王效堂.煤矸石在铁路路基中的应用[J].路基工程,2005,2:24-25.

[25] 侯江华,王巍,王亚红.煤矸石作为铁路路基的稳定性分析[J].西部探矿工程,2007,12:193-195.

[26] 王春保,王合生,周卿.煤矸石作为铁路路基填料在鹤壁矿区的应用[J].西部探矿工程,2002,6(79):124.

[27] 余文华,吴军福,丁泽强.煤矸石在公路工程中的应用试验研究[J]. 安徽建筑工业学院学报(自然科学版),2005,2:34-36.

[28] 邱钰,缪松林,刘松玉.煤矸石在道路建设中的应用研究现状及实例[J].公路交通科技,2002,4(2):1-5.

[29] 马成理.自燃煤矸石砂及轻集料在公路工程中的应用研究[J].太原理工大学学报,2004,4(35):421-423.

[30] 万智,李婕,叶颖,等.高速公路煤矸石路基的环境效应及环保处治对策研究[J].湖南交通科技,2007,2(33):12-15.

[31] 邓岳,李亚娟,奉在为,等.煤矸石在高速公路建设中利用的环境可行性分析[J].交通环保,2003,10(5):27-28.

[32] 胡达平,王译民.利用煤矸石进行沥青混合料生产的研究[J].市政技术,2007,11(6):438-442.

[33] 张互助,程培峰.七台河市农村公路煤矸石基层沥青路面典型结构的研究[J].中外公路,2007,2(27):73-77.

[34] Skarzynska K M. Reuse of coal mining waste in civil engineering - part2: Utilization of mine stone [J]. 1995,15(2):83-126.

[35] 时成林,祝侃,沙爱民,等.煤矸石路用分级技术指标研究[J].中外公路,2009,4(4):401-404.

[36] 王国平,孙传敏.浅论煤矸石资源化及其分类[J].发展论坛, 2004,5:19-20.

[37] 王修山.煤矸石填筑高等级公路路堤的应用研究[D].西安:长安大学,2006.

[38] 时成林,韩继国,谭永波,等. 煤矸石路基隔温性能研究[J]. 吉林交通科技,2001,5(1):6-9.

[39] 周梅,汪振双,崔正龙.阜新煤矸石用作路基材料的研究分析[J].建筑节能,2007,2:

34-36.

[40] 刘春荣,王东权,朱玉晓,等. 矿产废料煤矸石作为路基填料的试验研究[J]. 重庆交通学院学报,2004,10(5):52-54.

[41] 亓爱国,胡纬,陶永宏,等. 煤矸石压实特性的实验研究[J]. 采矿技术,2004,12(4):14-16.

[42] 马占国,肖俊华,武颖利,等. 饱和煤矸石的压实特性研究[J]. 矿山压力与顶板管理,2004,1:105-108.

[43] 刘松玉,童立元,邱钰. 煤矸石颗粒破碎及其对工程力学特性影响研究[J]. 岩土工程学报,2005,5:505-510.

[44] 贺建清,阳军生,靳明. 循环荷载作用下掺土煤矸石力学性状试验研究[J]. 岩石力学与工程学报,2007,1(1):199-205.

[45] 彭意,阳军生,贺建清. 煤矸石作为路基填料的路用特性研究[J]. 土工基础,2008,8(4):57-59.

[46] 姜升. 煤矸石压实效果快速检测新技术[J]. 矿山测量,2000,6(2):57-29.

[47] 王晨,王修山. 煤矸石填筑高等级公路路基效益分析[J]. 公路工程与运输,2008,8:65-68.

[48] 中华人民共和国行业标准. JTG E51—2009 公路工程无机结合料稳定基层试验规程[S]. 北京:人民交通出版社,2009.

[49] 中华人民共和国行业标准. JTG D50—2006 公路沥青路面设计规范[S]. 北京:人民交通出版社,2006.

[50] 程培峰,李光,何东坡,等. 未燃煤矸石用于路面基层技术的研究[J]. 森林工程,2006,1:38-40.

[51] 陈杨军. 煤矸石在高等级公路路面基层中的应用[J]. 中外公路,2003,2(1):25-27.

[52] 黄维蓉,陈凯,何兆益,等. 二灰稳定煤矸石路用性能研究[J]. 重庆交通学院学报,2005,10.

[53] 孟宪忠,白海峰. 煤矸石做道路基层材料的应用分析[J]. 黑龙江交通科技,2008,7:53-54.

[54] 程培峰,张互助,于静波. 无机结合料稳定煤矸石基层材料设计参数的研究[J]. 公路交通科技,2008,4:52-56.

[55] 段龙梅. 季冻区稳定粒料类基层材料抗冻性能及温缩性能试验研究[D]. 长春:吉林大学,2007.

[56] 程培峰,张互助,李伟,等. 二灰稳定煤矸石基层材料温缩性能的试验[J]. 沈阳建筑大学学报(自然科学版),2008,1(1):44-48.

[57] 张互助,程培峰,邵洪杰,等. 水泥煤渣稳定煤矸石基层材料温缩性能的试验研究[J]. 公路交通科技,2007,11(24):29-32.

[58] 陈冬燕. 半刚性基层材料抗裂性能研究[D]. 西安:长安大学,2005.

[59] 陈文丁. 半刚性基层材料收缩性能研究[D]. 西安:长安大学,2004.

[60] 胡力群.半刚性基层材料抗冲刷性能试验研究[D].西安:长安大学,2000.
[61] 张锦生,龚莉.煤矸石在矿区公路路面基层的应用[J].公路交通技术,2007,5.
[62] 马占旺,郝航程.石灰粉煤灰稳定煤矸石——环保基层材料的应用[J].露天采矿技术,2004,5:36-38.
[63] 许仁安,黄维蓉,陈伟,等.无机结合料稳定煤矸石在农村公路中的应用研究[J].重庆交通学院学报,2005,10(5):56-61.
[64] 沙爱民,贾侃.填石路基施工技术[M].北京:人民交通出版社,2007.
[65] 周志军.土石混填路基压实质量控制[D].西安:长安大学,2006.
[66] 邓海峰.煤矸石路堤施工技术研究[J].公路与汽运,2005,12(6):65-67.
[67] 朱建德,孙就忠,任俊娟.煤矸石路堤施工研究[J].路基工程,2006,1:10-11.
[68] 方磊,许明军.煤矸石路堤填筑质量控制[J].煤炭工程,2005,12:82-84.
[69] 周阳.水泥稳定煤矸石基层施工技术[J].公路与汽运,2005,12(6):67-71.